Nm
36

N+913.
Am.q.

PROMENADE

DE DIEPPE

AUX MONTAGNES D'ÉCOSSE.

Ouvrages du même Auteur :

Smarra, ou les Démons de la Nuit, songe romantique, 1 vol. in-12.

Sous presse :

Essai sur la philosophie des Langues, ou Théorie de l'Alphabet naturel, par Charles Nodier, ancien bibliothécaire de Carniole, 1 vol. in-8°, avec figures.

DE L'IMPRIMERIE DE FIRMIN DIDOT,
IMPRIMEUR DU ROI, RUE JACOB, N° 24.

CHEF DE CLAN.

Promenade
De Dieppe
Aux Montagnes d'Écosse,

Par Charles Nodier.

À Paris,
Chez J. N. Barba, Libraire,
Au Palais-Royal, N° 51.

M. DCCC. XXI.

PRÉFACE.

Je prie le lecteur de rejeter cette brochure s'il s'est promis de lire un voyage ; elle ne contient que les tablettes d'un homme qui passe rapidement dans un pays nouveau pour lui, et qui écrit ses sentiments plutôt que ses observations.

Aucun pays n'est plus digne de l'intérêt du voyageur que les montagnes de l'ouest et du nord de l'Écosse. Elles ont cependant inspiré si peu de curiosité aux nôtres que M. Chantreau a dédaigné d'y pénétrer. Le savant Faujas de Saint-Fond, qui ne s'occupait que de géologie, n'y a cherché et n'y a vu que des pierres. M. John Knox, dont les études purement économiques se bornaient aux pêcheries, n'a parlé que des poissons. M. Gilpin est un imagiste plutôt qu'un voyageur. Abstraction faite des préventions d'un vieillard morose dont l'imagination était depuis long-temps décolorée, il y a beaucoup de choses utiles et intéressantes dans le voyage de Samuel Johnson, comme dans tous ses ouvrages. M. Pennant lui seul a élevé un monument parfait dans toutes ses parties. Je crains que ces deux derniers auteurs n'aient pas eu chez nous les honneurs d'une traduction complète.

Il reste donc un excellent livre à faire sur l'Écosse, à moins que ce livre n'ait paru à mon insu; mais indépendamment des qualités nécessaires pour faire un livre excellent, il faut avoir vu et revu le pays qu'on se propose de décrire, avant de pouvoir se flatter d'en donner une idée juste aux autres. Ce petit volume ne promet que ce qu'il peut donner, l'esquisse à peine ébauchée d'une promenade rapide. Puisse-t-il même donner ce qu'il promet.

Cependant, puisque mon journal est devenu une espèce d'ouvrage, et que le voilà livré aux chances d'une publicité pour laquelle je ne l'avais pas fait, je dois me mettre à l'abri d'un reproche qui me serait plus pénible que tous ceux de la critique, celui de manquer de reconnaissance envers des personnes dont nous avons reçu des marques signalées de politesse et de bienveillance, et que je me ferais un plaisir de nommer toutes, si la multiplicité des égards et des services ne rendait pas cette tâche un peu difficile : je citerai seulement parmi nos compatriotes, M. le comte de Caraman, chargé d'affaires de France en Angleterre ; M. Hugot, consul à Édimbourg ; M. Herman, agent de commerce à Glasgow ; et d'une autre part, Lord Fife, à Londres ; le général Dulf, en Écosse ; et notre inappréciable ami, M. Hulmandell, dont la sollicitude pour nos besoins et pour nos plaisirs passe toutes les expressions. J'ajouterai en mon nom à cette liste le nom du célèbre docteur Hooker qui a dirigé mes excursions dans le comté de Lennox et ses environs, et qui m'a chargé, à mon départ, d'une riche moisson de plantes rares pour notre ami commun Bory de Saint-Vincent. Celui-ci m'a aidé à son tour à débrouiller des notions presque effacées de ma mémoire, en me prêtant cette facilité d'observation et cette clarté d'analyse qui lui assignent un rang si distingué parmi nos premiers naturalistes.

Il me resterait à rendre graces à mes compagnons de voyage de ce qu'ils ont fait pour donner à cette légère brochure le seul mérite qu'elle pût offrir au public, si je savais exprimer tout ce que je leur dois sans craindre de blesser leur modestie. Heureusement je connais assez leurs sentiments pour croire qu'ils me sauront plus de gré d'une simple expression d'amitié que des éloges les plus recherchés. M. Eugène Isabey, digne héritier d'un nom européen dont j'ose garantir qu'il soutiendra la gloire, a enrichi mon petit livre de deux de ses dessins. M. de Cailleux a bien voulu prendre sur des occupations plus importantes de beaucoup, le temps de tracer l'itinéraire de notre promenade de sept cents lieues. M. de Taylor m'a adressé la relation détaillée d'une excursion vers le Nord, beaucoup plus variée de faits et d'observations que la mienne, et qui m'est plus chère encore par l'expression des sentiments qu'il accorde à mon amitié, que par l'ornement qu'elle ajoute à mon faible écrit.

On voit qu'après cela, il me reste infiniment peu de chose dans cet ouvrage; et c'est ce que personne ne sera tenté d'y réclamer.

PROMENADE

DE DIEPPE

AUX MONTAGNES D'ÉCOSSE.

I.

A MA FEMME.

Je ne m'accoutume pas à l'idée d'être séparé de toi, de vivre et de penser sans toi. Chaque objet nouveau qui s'offre à ma vue me semble un vol que je te fais ; et quand je pense que tout va être nouveau pour moi, qu'il n'y aura plus une sensation commune entre les sensations multipliées de mes journées, et celles qui remplissent tes souvenirs, je regarde ce voyage avec une espèce de terreur, comme l'essai de la séparation éternelle. Depuis douze ans, associée à toutes les vicissitudes de ma vie, tu m'as suivi dans les rigoureux pélerinages de l'exil et dans les excursions plus agréables que m'a fait entreprendre l'amour de l'étude et des arts. Tu as visité avec moi les riantes campagnes du midi de la France; les monuments austères de la Normandie et de la Bretagne; les antiquités majestueuses de l'Italie; les ruines de la grande Grèce, patrimoine inutile des barbares. Je t'ai nommé tous les lieux qui rappelaient de fortes pensées, qui attestaient d'anciennes gloires. J'ai appris à notre chère petite fille à bégayer leurs noms solennels, dans une langue qui n'était pas celle de sa nourrice et dont les sons frappaient pour la première fois son oreille. Aujourd'hui, je suis seul; car l'amitié est un doux auxiliaire du bonheur, mais elle laisse bien vide un cœur qui est séparé de ce qu'il a de plus cher au monde. Je suis seul, et les impressions qui avaient tant de charme quand vous les partagiez avec moi, me trouvent inattentif et presque insouciant. Les noms des sites et des hommes ne me préoccupent un instant que comme des mots inconnus qui ne valent pas la peine qu'on en demande le sens. Arrivé d'hier d'assez bonne heure à Dieppe, je ne suis allé que ce matin au bord de la mer, et j'ai à peine promené mes regards sur la scène magnifique qu'elle déploie ici; ma fille n'a jamais cherché des coquilles sur ce rivage. Si l'on pensait à tout cela avant de partir, on ne partirait point, mais quel homme est toujours heureux d'être heureux?

J'ai cependant trouvé un accom-

modement qui plaît à mon imagination : c'est de vous parler à tout moment comme si vous étiez là, et de ne rien voir, de ne rien éprouver, sans vous le transmettre tout de suite par la pensée. « Vois-tu,
« Marie, comme il serait agréable
« de jouer avec tes petites compa-
« gnes sous ces jolies feuillées de
« Pavilly. Et toi, plonge tes yeux
« sur cette vue de Dieppe et de la
« mer du haut de la montagne du
« Bourdun, qui passe pour un des
« beaux spectacles de la nature ; ou
« bien amuse-toi des narrations
« merveilleuses de notre cocher qui,
« tout en pressant ses chevaux, ra-
« conte d'une voix enrouée les der-

« niers exploits du corsaire Boli-
« dar. » C'est ainsi que vous allez
voyager avec moi, jusque sur les
côtes reculées où me pousse la manie de voir d'autres pays et d'étudier
d'autres mœurs. Que de contrées
variées d'aspects et de caractère
nous allons parcourir ensemble! Cependant nous ne prendrons pas le
temps de nous appesantir sur les
détails. Nous allons vite, parce que
d'autres soins nous rappellent, et
que notre foyer nous garde des
trésors de tendresse et de bonheur
qui ne sont pas ici. Puissé-je, hélas!
les retrouver! Nous n'avons pas,
d'ailleurs, la prétention d'instruire.
Notre ambition se borne à jouir de

ce qui est beau; notre esprit se borne à en causer. Si le journal que je trace en courant pouvait avoir quelque mérite, ce serait tout au plus celui de représenter avec naïveté des impressions libres et naturelles. Presque étranger à la langue, à l'histoire et aux mœurs des contrées que je vais visiter, je suis sûr de moins parler des choses sur la foi de leur renommée, que sur celle de mes propres sensations. Seulement ne rebute pas mes haillons poétiques. J'écris très-rapidement, et tu sais que ma première pensée s'accoutre volontiers des lambeaux de la toilette des Muses; mais ce qui est un défaut ridicule par la prétention dans un volume d'apparat, n'est qu'un inconvénient léger dans les impromptus familiers de la négligence. L'abandon des tablettes d'un voyageur est comme celui de ses habits. On prend ce qui vient à l'esprit et ce qui tombe sous la main. Qui sait, au reste, ce que deviendront ces tablettes? Un volume ou rien, peu m'importe. Il aura comblé tout l'espoir que je fondais sur lui, s'il réussit à tromper quelquefois le tourment de l'absence par une de ces illusions que j'embrasse avec tant de facilité, qu'elles me tiennent quelquefois lieu de bonheur.

Venez donc et ne me quittez

plus, car il est huit heures du soir. La marée commence à se retirer, et déja elle laisse, à plusieurs toises derrière elle, une bande de noirs fucus, inégale, ondoyante, sinueuse, comme la projection irrégulière des dernières vagues, de celles qui ont expiré en flots d'écume au-dessous de ce grain de sable. Nous nous embarquerons sur la corvette *l'Unité*, capitaine Holden, et c'est elle dont vous voyez flotter d'ici le pavillon noir et bleu.

Ou plutôt, je l'exige, séparons-nous pour cette nuit. La mer est si grosse que les pêcheurs eux-mêmes n'ont pas osé tenter la navigation journalière qui fournit à la subsistance de leur famille. La surface immense est sillonnée partout de bancs élevés et verticaux comme les falaises de la côte, éblouissants de blancheur comme elles, qui courent, se heurtent, se brisent, montent les uns sur les autres et tombent, en rugissant, sur la grève. Le vent est contraire et furieux. Le goëland, qu'il chasse avec impétuosité, resserre ses longues ailes, comme un marinier habile des voiles qui offrent trop de prise, et, abaissant peu à peu sa chute oblique, se laisse rouler jusqu'à terre. Que le ciel me préserve de vous confier, chères amies, aux caprices de ce terrible élément! Au nom de mon repos, séparons-nous pour cette nuit. Je vous retrouverai sur l'autre rive.

II.

PASSAGE DE DIEPPE
A BRIGHTON.

Cette navigation, qui se fait ordinairement en dix heures, en a duré trente-deux. Il n'était pas minuit que ce nuage noir qu'on appelle *le grain* s'est montré comme un point dans le sud; peu à peu il est descendu, développant des formes inégales et fondant sur nous comme un oiseau de proie qui grandit en s'approchant. Il m'a rappelé, dans son accroissement gigantesque et subit, ces bizarres figures d'optique, jeux imparfaits et souvent ridicules de la fantasmagorie, qui se précipitent de la lanterne magique de Robertson, en acquérant successivement des couleurs, des apparences, des figures, et qui finissent par expirer près du visage du spectateur en battant le papier huilé des châssis, de leurs ailes de carton découpé. Malheureusement notre démon était plus réel, et pendant long-temps il nous a fait pirouetter sur les vagues qui montaient jusqu'aux agrès. Tout tournait sur le bâtiment, les ustensiles, les meubles et l'équipage. Le roulis était si fort qu'il nous chassait de nos lits. Joignez à cela le sifflement des cordages, le craquement du vaisseau, les malédictions des passagers français, les *goddem* méthodiques et pour ainsi dire concentrés de nos matelots, les cris convulsifs des voyageurs atteints du mal de mer, les gémissements des dames, qui prient avec toute la ferveur que la crainte peut donner, car il y avait des dames, et de fort jolies, vraiment; des yeux d'une mélancolie si douce, des traits d'une si chaste pureté, ce mélange de l'idéale perfection du ciel et des passions de la terre dont se compose la physionomie des héroïnes de roman... Mais il est bien question d'héroïnes de roman sur un bâtiment qui va périr ! Tout s'y réduit à cet échange de compassion et de services qui engage le fort à la défense du faible dans un danger commun, et qui est, suivant moi, lorsque ce danger est inévitable, le sceau le plus achevé de la destination immortelle de l'homme. La philosophie si vantée des anciens aboutissait à admirer l'impassibilité d'une brute pendant la tempête.

Au lever du soleil, nous nous sommes aperçus que l'orage nous avait jetés fort loin de notre direction. Il a fallu revenir à Brighton, en louvoyant, et puis attendre le vent, parce qu'il n'y avait plus de vent. Nos matelots avaient beau siffler du côté du sud-est, la brise n'en tenait compte, et il nous restait à voir la morne stupeur de l'atmosphère, l'expectative peu rassurante d'un orage nouveau qui nous remettrait en pleine mer, ou nous briserait sur ces côtes charmantes de la Grande-Bretagne, dont les contours gracieux se développaient si près de nous, chargés de vertes prairies et de bois pittoresques. Le soleil venait de se coucher dans des nuages bien sombres; la lune s'était levée large et sanglante; la mer était plus immobile que le bassin des Tuileries, et il nous semblait que du bras étendu nous pouvions toucher Brighton, où un de ces évènements qui ne sont pas rares dans l'histoire de la navigation, pouvait empêcher toutefois que nous arrivassions jamais. Il ne tiendrait qu'à moi de dire ici que cette situation a quelque chose de plus terrible que les anxiétés de l'orage. Le cœur de l'homme, ajouterais-je, conçoit plus aisément l'obligation de céder aux bouleversements d'une nature violente, que l'impossibilité de vaincre l'inertie d'une nature immobile. Quand il souffre en résistant, sa vanité le dédommage ; quand il succombe sans combattre, il perd jusqu'aux charmes du péril, et subit un tourment de plus dans l'épuisement de son énergie abattue; mais ce serait, en vérité, de la philosophie en pure perte à l'occasion d'un calme plat dans la Manche. D'ailleurs, le vent le plus favorable commence à souffler; le vaisseau cingle; les côtes fuient, emportant avec elles le fameux champ de bataille d'Hastings. Nous sommes en rade.

III.

RADE DE BRIGHTON.

A quatre heures du matin, nous avons jeté l'ancre dans la rade de Brighton, car cette ville n'a point de port. La douane expédie aux bâtiments une petite barque qui vient recevoir l'équipage et les effets, et qui elle-même ne peut pas gagner immédiatement le rivage à défaut de fond. On y arrive sur les épaules robustes des matelots, et cet acte de complaisance n'est taxé qu'à la bagatelle de trois schellings par tête. Nous sommes en Angleterre où le signe représentatif de l'existence d'une famille française, pendant deux ou trois jours, ne représente rien.

Ces premiers détails seront sans doute minutieux. Ils le seraient trop pour le lecteur qui n'aurait pas la bonté de se rappeler que j'écris mon journal; que mon journal est l'histoire de toutes mes impressions; qu'une des plus vives qu'il me soit encore donné d'éprouver est l'aspect d'un pays nouveau, et que, long-temps voyageur aventureux et forcé dans le reste de l'Europe, je touche la terre de l'Angleterre pour la première fois.

La rade de Brighton est célèbre par ses bains de mer qui attirent tous les ans la meilleure compagnie du royaume. Elle mérite de l'être par l'élégance pittoresque de ses points de vue dont aucune expression ne peut rendre le charme, surtout quand les rayons du soleil levant se déploient peu-à-peu sur la face des eaux qui s'éclairent lentement ; frappent çà et là de leur lumière de longues zones de la mer qui se détachent de son obscure étendue comme des îles d'argent, ou jouent entre les voiles d'un petit bâtiment qui flotte inondé de clarté sur un plan brillant parmi des voiles innombrables que le jour n'a pas encore touchées. C'est principalement à l'horizon qu'est remarquable le mélange de l'obscurité qui finit et du jour qui commence. Toutes les ténèbres descendent, toutes les lumières s'élèvent. La terre et le firmament semblent avoir changé d'attributs. Dans les airs, une sombre vapeur se précipite et se dissout. Sur la terre, un doux reflet s'étend, en augmentant sans cesse de transparence et de chaleur; et la ligne la plus éloignée du noir océan se relève éclatante sur les ombres du ciel.

IV.

BRIGHTON.

La propreté recherchée des villes d'Angleterre est si connue, qu'en arrivant à Brighton, je m'étonnais d'être forcé de m'étonner. Qu'on suppose un assemblage de décorations pleines de grace et de légèreté comme celles que l'imagination désirerait dans un théâtre magique, et on aura quelque idée de notre première station. Brighton n'offre d'ailleurs aucun monument digne de remarque, à moins qu'on ne donne ce nom au palais du prince régent, qui est construit dans le genre oriental, et probablement sur le plan de quelque édifice de l'Inde. Il y a peu d'harmonie entre ce style levantin et de jolies bastides à l'italienne, élevées sous un ciel septentrional ; mais c'est le sceau d'une puissance qui étend son sceptre sur une partie de l'Orient, et qui en tire ses principaux éléments de prospérité. Cette incohérence ne va pas mal, au reste, dans un tableau d'illusions. La féerie n'est pas soumise à la règle des unités.

J'ai continué mon voyage par un

chemin sans ornières, sans embarras, sans cahots, dans une voiture commode, élégante, ornée avec goût, que traînaient, ou plutôt qu'enlevaient quatre chevaux superbes, tous pareils, tous du même pas, qui dévoraient l'espace en rongeant des mords d'un poli éclatant, et en frémissant sous des harnais d'une simplicité noble et riche. Un cocher à livrée les dirigeait; un jockei, d'une figure et d'une tournure charmantes, excitait leur ardeur. De deux lieues en deux lieues, des postillons attentifs, point grossiers, point impertinents et point ivres, venaient remplacer l'attelage par des chevaux frais, toujours semblables aux premiers, et qu'on voyait de loin frapper la terre, comme pour solliciter la carrière promise à leur impatience. Quoique le trajet ne soit pas long, il n'est point de prévenances délicates dont les enchanteurs qui me conduisaient ne se soient avisés pour l'embellir. A moitié chemin, un majordome officieux m'a introduit dans un salon magnifique, où étaient servis toute sorte de rafraîchissements : un thé limpide qui perlait dans la porcelaine; un porter écumeux qui bouillonnait dans l'argent; et, sur une autre table, des mets choisis, copieux, variés, qu'arrosait le Porto. Après cela, je me suis remis en route, et les coursiers empressés... Mais il est peut-être temps de reprendre haleine, et de dire, en termes plus positifs, que l'Angleterre est le premier pays du monde pour ses chevaux, ses voitures publiques, et ses auberges. L'équipage magnifique dont je viens de parler, c'était le coche; et ce caravenseraï des *Mille et une Nuits*, c'était un café sur le grand chemin. On comprendrait facilement, aux environs de Londres, l'erreur de Don Quichotte qui prenait les hôtelleries pour des châteaux.

De Brighton à Londres, il n'y a au fait qu'une rue de vingt lieues, bordée de parcs, de jardins, de riantes métairies, de jolies maisons de campagne, de charmants pavillons, tapissés du haut en bas d'une tenture de roses, et précédés de cours ou de terrasses toutes couvertes de frais ombrages sous lesquels dansent de jeunes filles qui donneraient des regrets à Raphaël. Le premier âge est charmant partout. Il est ravissant en Angleterre. C'est presque une rareté qu'une beauté médiocre au-dessous de seize ans.

V.

LONDRES.

Le premier aspect de Londres a quelque chose de sinistre. Ses maisons, construites en briques noirâtres ou lustrées comme des murs de lave polie, presque généralement dégarnies de toit comme si elles avaient perdu un étage, et que baigne incessamment la lourde vapeur du charbon de terre, font naître l'idée d'un incendie récent. Mais l'œil qui s'accoutume peu à peu au style commun de l'architecture, à la couleur fâcheuse des bâtiments, au ton maussadement triste de l'atmosphère et du ciel, s'étonne de plus en plus de la multitude de ces rues vastes et superbes que suivent de part et d'autre de larges trottoirs, et que décorent des magasins éblouissants de tous les trésors de l'industrie et de toutes les merveilles du luxe; de l'immensité de ces promenades qui transportent la campagne et jusqu'à la solitude au milieu de l'enceinte des villes; de ces délicieux enclos de verdure qu'on appelle des *squares*, et qui font l'ornement des places et le charme de leurs habitants. On sent alors qu'il ne manque à Londres, pour être la plus belle ville du monde, que le ciel de Venise ou l'horizon de Constantinople, les antiquités de Rome ou les monuments de Paris.

Les états populeux et les grandes villes ont d'ailleurs tant de points de ressemblance dans une civilisation avancée, qu'il est impossible de fixer les nuances qui les caractérisent, sans descendre aux détails les plus minutieux. C'est ce que je n'ai ni le temps, ni la volonté, ni le pouvoir d'entreprendre, étranger que je suis à l'art d'observer les faits qui n'agissent pas immédiatement sur moi, et ne me font pas éprouver une sensation profonde d'enthousiasme ou d'aversion. Hôte passager d'une cité magnifique, mais qui dit peu de choses à mon imagination et à mon cœur, je sens que l'attrait même de la nouveauté, si piquant pour tous les hommes, ne m'y aurait pas appelé, si Londres ne se trouvait sur le chemin des montagnes d'Écosse. Soit irritabilité, soit faiblesse, ma vie n'a jamais été capable de se diriger vers deux buts à-la-fois, ou de se distraire de son but par les objets qui l'en séparent. Un autre ferait autrement, et ferait bien; mais je suis trop préoccupé des choses que je vais chercher, pour m'occuper des choses qui me cherchent. L'existence des habitants des villes qui pèse toujours sur moi d'une manière assez désagréable, m'accable tout-à-fait quand je peux me croire près d'un état de solitude et de liberté. C'est tout au plus si je parviens à fixer quelques traits de ces journées qui manquent d'air, de ciel, de poésie; et auxquelles je suis impatient de me dérober, parce qu'ici, comme ailleurs, il y a une sécurité qui tourmente, et une variété qui ennuie. Ce qu'on admire à Londres est certainement admirable, mais ce n'est enfin qu'une ville, une ville immense. Ce n'est que Londres.

VI.

MONUMENTS.

Voici des matières sur lesquelles il n'y a rien à dire, sinon que l'on a tout dit, et qu'il y aurait une prétention plus que ridicule à vouloir renfermer dans quelques lignes la substance de mille volumes. Je ne le répéterai plus.

Il est reçu en France que l'Angleterre est le pays de l'Europe le plus riche en monuments gothiques, et que cela provient du respect de ce peuple pour les arts ; sentiment porté si loin, ajoute-t-on, que les religionaires eux-mêmes n'ont pas enveloppé dans leurs fureurs contre le culte romain les édifices qui lui étaient consacrés. On tire de-là une induction qui n'est pas du tout à l'avantage de la France, où rien n'a été épargné; mais cette induction est fondée sur une erreur. Les révolutions d'Angleterre, aux époques dont il s'agit, étaient dirigées contre certaines institutions anciennes, et spécialement contre le culte romain; mais la nouvelle religion avait besoin de temples, et il était de son intérêt bien entendu de conserver ceux qui existaient. Voilà ce qui en a sauvé quelques-uns, et ceux entre autres qui jouissaient d'une grande renommée, et qui attiraient à l'Angleterre l'admiration des peuples. Toutefois, le plus grand nombre de ces monuments a été détruit. Ce qui a trompé les voyageurs, et parmi eux quelques artistes, c'est la multitude d'églises de style ancien dont l'Angleterre est couverte, et qui, sans être gothiques d'âge, sont gothiques de caractère. Les architectes anglais ont eu en effet le tact admirable de sentir que ce genre de construction était, comme on dit, éminemment chrétien, et que le sanctuaire du Saint des Saints ne pouvait ressembler, sans une sorte de profanation, à la maison de marbre des idoles. On continue à construire en Angleterre des églises gothiques, et j'ai vu s'élancer des ogives modernes, j'ai vu tailler des roses et historier des chapiteaux dans des pierres qui sortaient du chantier, comme on le faisait il y a six cents ans, au goût, à l'esprit et à l'imagination près, qui ne sont pas allés en se perfectionnant, sous ce rapport, dans ce siècle de perfectionnement. Je ne suis pas éloigné de croire que c'est à la conservation respectueuse de ce système d'architecture, ancien pour eux comme la première prédication du christianisme, que les Anglais doivent, en grande partie, la conservation du sentiment religieux lui-même, garantie puissante et infaillible de celle de l'ordre social.

J'ai très-mal vu Westminster qui était obstrué par les préparatifs du couronnement, mais qui serait un édifice admirable en France même, où il ne tiendrait cependant pas la première place dans nos basiliques du premier ordre.

On peut se faire une idée de la supériorité relative de l'architecture gothique sur l'architecture classique, dans cette application spéciale, c'est-à-dire, quant à l'expression poétique et à l'harmonie des effets, en comparant cette vieille cathédrale de Westminster avec le célèbre temple de Saint-Paul, car j'ose à peine donner un autre nom à cette belle église païenne. Saint-Paul impose par la grandeur, mais, si l'on peut s'exprimer ainsi, par une grandeur physique et matérielle, par une grandeur vide qui n'a ni recueillement ni tristesse, ni obscurité ni mystères. Il y a dans la moindre chapelle gothique une profondeur, un vague, un infini dont rien ne donne l'idée sur cette aire majestueuse, mais uniforme, qu'inonde une lumière égale, et dont l'exactitude parfaitement symétrique ne laisse rien à deviner à l'imagination, rien à desirer à la pensée. Demandez à un homme passablement organisé ce qu'il y remarque, il vous parlera de l'immensité des dimensions, de la hardiesse du dôme, de la pureté des proportions, de la beauté des lignes. Demandez à un homme qui n'est que simple et sensible ce qu'il y a éprouvé?... C'était cependant la question.

Saint-Paul est le Panthéon des hommes illustres de la dernière génération, à commencer par Johnson et Reynolds dont on y voit la statue, et que nous avons pu connaître. Autour d'eux se groupent les tombeaux d'une foule de guerriers qui ont péri, depuis trente ans, en combattant contre la France. Gloire féconde que celle des batailles qui plante une palme par-tout où elle creuse un tombeau! Quelques-uns de ces petits monuments, généralement intéressants par l'intention patriotique du peuple qui les a érigés, généralement médiocres par l'exécution, sont dus au ciseau de Bacon et de Flaxmann. Je ne serais pas fâché que ceux de nos soldats qui laissent un nom historique, et je n'en excepterais aucun, pussent recevoir chez nous le même hommage dans un lieu consacré. Il faudrait seulement que l'architecte jouît d'une certaine latitude pour l'emplacement. Celui de Saint-Paul ne suffirait pas.

Le nom de Christophe Wren, qui a bâti cette fameuse église, rappelle aussi le pilier gigantesque de l'incendie, monument diffamatoire contre les catholiques romains, qui fait peu d'honneur à l'artiste et qui en fait moins encore à la conscience des sectes et à la bonne-foi des partis. La calomnie est depuis long-temps une raison d'état.

Parmi tant de monuments que je n'ai pas remarqués, ou que je n'ai remarqués que pour me rappeler de ne pas m'en souvenir, on me reprocherait de ne pas nommer au moins la Tour de Londres. C'est qu'il y a des choses qu'il ne faudrait jamais connaître que par leur renommée, et dont l'effet produit une sensation tout-à-fait opposée à celles que je cherche. Il distrait la pensée d'une foule de souvenirs historiques qu'elle appropriait, par habitude, à une figure idéale créée en elle, pour la fixer sur un objet plus réel, mais qui n'est pas celui qu'elle avait supposé, tandis que celui-ci entraîne, en s'évanouissant, toutes les idées qu'il représentait ; de sorte qu'on perd un trésor merveilleux d'illusions et de sentiments pour acquérir la connaissance positive d'un fait matériel fort indifférent. Je n'ai plus pensé, en voyant la Tour de Londres, à tout ce que son nom me rappelait quand il me frappait dans une conversation ou dans un livre. L'insignifiant étalage des curiosités de parade qui y sont renfermées, et qui surchargent inutilement l'attention d'une abondance fastidieuse de mots, nuit d'ailleurs à cette impression générale dans laquelle on aime à se recueillir au milieu des grandes scènes de la nature, des belles créations de l'art, des monuments imposants de la religion et de l'histoire. Les salles d'armes de la Tour de Londres ont fort peu d'importance pour le voyageur qui a vu l'arsenal de Venise, ou telle autre de ces grandes collections d'instruments inventés pour la destruction de l'homme. Du plus au moins, c'est toujours le magasin d'un armurier et d'un fourbisseur bien assortis. Le spectacle ordinairement assez dégoûtant d'une ménagerie est loin d'avoir plus d'attraits à Londres qu'à Paris, et la captivité de ces animaux du désert, deux fois esclaves sous les grilles de leurs cages et sous les verroux d'une prison d'état, ne ferait naître qu'une idée douloureuse, si l'on ne pensait qu'un prisonnier d'une ame élevée y a peut-être puisé quelquefois un motif de consolation philosophique. Je conçois mieux la résignation de Wallace, ou de Strafford, ou de Sidney, enchaîné à côté de la loge du lion.

Il y a cependant parmi ce fatras

de curiosités un outil assez grossier dont la vue fait dresser les cheveux : c'est la hache sous laquelle tomba la tête de Charles Ier. J'ai tressailli en pensant que le jour même de l'exécution de ce roi malheureux, elle avait été déja un objet de curiosité, et que des spectateurs impatients se pressant autour du billot pour essayer de leurs doigts le fil de l'instrument de mort, Charles interrompit son discours pour leur dire comme le *Cicerone* de la Tour de Londres : *Ne touchez pas à la hache.*

VII

LES DOCKS. — GREENVICH.

Les *Docks* sont, comme leur nom l'indique, d'immenses bassins où se rendent les innombrables vaisseaux qui font le commerce de l'Angleterre. Des magasins proportionnés à ce prodigieux concours de bâtiments renferment les produits de toutes les contrées du monde. Des greniers et des celliers incommensurables sont destinés à la conservation des grains et des liquides. La multitude, la variété, les dimensions étonnantes de ces riches dépôts, offrent ici un spectacle unique en Europe. Chez un peuple très-industrieux et très-intelligent, les *Docks* sont le monument le plus extraordinaire de l'industrie, et peut-être de l'intelligence humaine. C'est sur-tout le plus utile. Ils ont cet avantage incontestable sur des colonnes et des pyramides qui ne portent dans les nues que le témoignage de notre impuissance et de notre vanité. Le fondateur des *Docks* a une statue qui n'a pas été payée au prix des sueurs, et des larmes, et du sang de ses compatriotes.

C'est un tribut de reconnaissance levé sur la prospérité dont son pays lui est redevable.

En descendant le cours de la Tamise, on arrive à Greenvich, édifice superbe qui avait été destiné, dans son origine, à devenir un palais, et qu'un goût mieux entendu et non moins magnifique a transformé en hospice pour les vieux marins. De là, le matelot, parvenu au port du fâcheux voyage de la vie, contemple avec plaisir les détours du fleuve, témoin du départ aventureux et du retour fortuné de ses voiles. Il aime à compter ces vaisseaux différents de formes, de chargements, de pavillons, de manœuvres, qui lui rappellent ses expéditions lointaines. Il se réjouit dans sa pensée, et salue de loin le vêtement connu d'un étranger dont il a visité les rivages.

Le parc de Greenvich est un des plus beaux de l'Angleterre. Son point de vue, ou, pour s'exprimer comme les anglais, à défaut d'un terme satisfaisant, l'admirable *prospect* dont on jouit depuis l'observatoire, est au-dessus de toutes les descriptions et de toutes les peintures. Il y a de tout ce qui peut flatter le cœur et l'imagination d'un homme sensible dans le parc de Greenvich, et même *le charme du désert*. J'y ai trouvé une maison rustique presque aussi reculée du monde qu'un chalet des solitudes de la Suisse.

Nous avons dîné au bord de la Tamise, les yeux fixés sur la perspective enchantée de ses bords. Tout le sol était orné d'habitations charmantes, et toutes les eaux couvertes de navires opulents, tributaires accoutumés de son commerce. Il était impossible de douter que nous assistions à une des scènes les plus brillantes de la civilisation à son plus haut degré de perfectionnement. En tournant les yeux sur un coin de l'horizon, qui m'était échappé jusques-là, j'ai aperçu un gibet.

VIII.

LES THÉATRES.

Les Anglais n'ont aucun avantage sur nous dans la construction des théâtres. Ils ne peuvent entrer en comparaison avec nous dans l'entente des décorations et des machines. Cette partie de leurs spectacles est négligée de la manière la plus fâcheuse pour l'illusion. Les colonnades du palais de Cléopâtre et les murailles du Capitole courent sur des pièces de bois ajustées par des valets en bas de soie ; et, à voir marcher les arbres d'un fond de paysage qui se ferme, on croirait assister toujours au voyage merveilleux de la forêt de Dunsinane, dans la tragédie de Macbeth.

La partie littéraire de leurs représentations scéniques est peut-être plus imparfaite encore, à l'exception des chefs-d'œuvre de Shakspeare et de quelques poëtes en très-petit nombre qui se sont montrés plus ou moins dignes de suivre de très-loin les traces de ce grand homme. On peut même dire qu'ils n'ont plus de littérature dramatique, soit que la forme systématique de leur gouvernement, qui a réduit tous les caractères et toutes les passions à des proportions et à des mesures données, ne se prête pas beaucoup au développement de ce genre de talent ; soit que l'esprit de la nation s'accommode mieux du travail facile de l'imitation, depuis que des génies originaux ont épuisé chez elle la faculté de créer. Le théâtre actuel de Londres ne vit, en effet, que de traductions presque littérales du français, de l'allemand, ou de l'italien. J'ai vu jouer le même jour, sur un théâtre dont je parlerai tout-à-l'heure, *Adolphe et Clara*, *le Jaloux malgré lui*, et *la Somnambule*. Il y a deux ou trois auteurs à Paris qui me féliciteront probablement d'être si bien tombé.

Ce n'est pas à défaut d'acteurs distingués que la verve des Anglais paraît si avare de nouveautés dramatiques. Il est au contraire difficile de trouver ailleurs un ensemble de talents plus satisfaisant et plus complet; et ce jugement s'applique à Londres à chaque théâtre en particulier. La fortune de ces établissemens n'est pas fondée, à ce qu'il paraît, sur le mérite propre de quelques individus, et, comme on dit à Paris, d'une *perle* isolée ou d'un *diamant* solitaire. Tout le monde y concourt dans une juste proportion à cette harmonie générale qui est le premier charme d'un spectacle bien dirigé, et s'il se trouve là quelques-unes de ces *perles*, quelques-uns de ces *diamants*, ils n'ont pas besoin d'opposition pour briller, et l'on ne peut supposer du moins qu'ils soient redevables du vif éclat qui les distingue à l'effet du contraste et à la grossièreté de l'enchâssement. Aussi les comédiens Anglais sont en général honorés des égards du public qui aime toujours à reconnaître de quelque manière les égards que l'on a pour lui.

Il serait presque aussi surabondant de s'étendre en détails sur les théâtres de Londres que sur ceux de Paris, dans une brochure qui ne sera parcourue, suivant toute apparence, que par des personnes qui les connaissent également. Il n'y a rien d'ailleurs qui ressemble à une salle de spectacle comme une salle de spectacle, et la seule sensation nouvelle que celles que j'ai visitées en Angleterre m'aient désagréablement apprise, ne sera bientôt pas plus nouvelle pour les Parisiens que pour moi. Je crois du moins qu'on leur promet ce brillant éclairage par le gaz hydrogène, assez bien approprié peut-être aux effets du théâtre, mais dont la lumière trop semblable à celle du jour, et tout-à-fait antipathique avec les prestiges de la toilette, charge l'atmosphère d'une vapeur lourde, ardente, délétère, souvent fétide, qui tourmente la pensée de la crainte d'un péril, et les organes, du sentiment d'une incommodité presque insupportable. A cela près, je le répète, et sauf la recherche de rigueur de toutes les parures, il y a bien peu de différence entre le premier spectacle de Londres et le premier spectacle de Paris. A l'époque de notre passage, une circonstance particulière ajoutait encore à cette illusion. La pantomime noble et savante d'Albert faisait alors les délices de la cour et de la ville, et dans le tourbillon de cet excellent danseur volaient mademoiselle Noblet et mademoiselle Fanny Bias. *Rome n'était plus dans Rome.*

Cependant comme je me suis proposé d'écrire ici mes sensations, et qu'il en est une extrêmement vive que je ne veux pas oublier, je rappellerai au lecteur que j'ai promis de lui parler d'un théâtre qui n'est ni l'Opéra, où la voix de madame Camporesi et de quelques autres cantatrices fort agréables, appellera bien sans moi les *dilettanti* ; ni Covent-Garden où le jeu pathétique et profond de Macready, et le naturel comique et fin de Farren, se recommandent assez d'eux-mêmes ; ni Surrey-théâtre, temple favori du mélodrame, où notre superbe Melpomène serait quelquefois fort heureuse de pouvoir recruter des acteurs. Celui dont il est question s'appelle l'Opéra Anglais (*English Opera house*), et, quoique je suppose qu'il n'ait rien à envier à la vogue et à la réputation des autres, je croirais en avoir donné une trop faible idée si je ne me hâtais de nommer miss Kelli. C'est qu'il faut avoir vu miss Kelli pour sentir toute la portée d'une admirable intelligence, secondée par une admirable organisation. Miss Kelli n'est pas seulement une actrice du ton le plus parfait et du goût le plus exquis, c'est le personnage même qu'elle représente, ou plutôt c'est l'idéal du caractère que l'auteur a essayé de peindre. On peut parier que toutes les combinaisons données de la physionomie humaine ne produiraient jamais un ensemble aussi spirituel et aussi piquant que celui des traits de miss Kelli. Cependant leur pureté n'est pas altérée par cette mobilité prodigieuse d'expressions qui se prête à toutes les nuances de la pensée. Elle a, dit-on, à son gré l'expression même de l'indifférence, et quelques anecdotes déplorables en ont fait foi. Un de ces malheureux dont je comprendrais le désespoir, mais dont je ne comprends pas la rage, a tiré un coup de pistolet sur miss Kelli en plein théâtre. Si cette frénésie était contagieuse parmi ses admirateurs et ses enthousiastes, la scène serait depuis long-temps privée de ses talents.

Préoccupé par l'opinion si commune chez nous du mauvais accueil que les Anglais faisaient aux étrangers et aux Français en particulier, et par conséquent surpris de plus en plus des raffinements délicats de politesse dont nous ne cessions d'être accablés, je m'étais persuadé d'abord que leur malveillance plus timide ou plus généralisée s'était réfugiée dans leurs caricatures auxquelles nous ne cédons malheureusement en rien le dégoûtant avantage du cynisme et de l'effronterie, ou dans les pamphlets et les journaux anonymes, digne carrière des basses vengeances, ou enfin dans les pièces de théâtre ; et j'avais à cœur de vérifier cette supposition, pour justifier à mes propres yeux l'exagération de nos hostilités de boulevards. J'ai donc épié avec le plus grand soin la représentation d'une de ces satires sanglantes où l'on immole une Parisienne à la gaîté de la bonne société de Londres. Je n'ai pas pu y trouver le mot pour rire. Imaginez-vous une espèce de poupée jolie à ravir, élégante à miracle, qui ne s'occupe que de riens quand elle ne s'occupe pas de sa toilette, de son perroquet, ou tout au plus de son amant; qui ouvre tous les livres et qui ne les referme pas, qui change le point d'observation d'une sphère pour s'amuser à la faire tourner; qui danse, qui chante, qui pleure, qui rit, qui bâille, qui se désespère; qui a cinquante idées, cinquante volontés dans un moment, et qui en oublie cinquante pour une qu'elle va oublier. Cela est peut-être moins grossier que nos parades, mais il faut avouer que cela est bien plus injuste. Eh! bon dieu!... qui a jamais vu des Parisiennes faites comme cela?...

IX.

LES MUSÉES.

Il n'est pas plus question ici de tous les musées de Londres qu'il n'était question tout-à-l'heure de tous ses théâtres et de tous ses monuments. Les *exhibitions* particulières sont une espèce de spéculation que la cupidité multiplierait au défaut de la vanité, car on paie pour entrer à toutes les *exhibitions* et même à celles des musées nationaux; ce qui fait que le talent et le génie sont devenus des objets d'industrie et des effets de commerce qui jouissent, même parmi les négociants de profession, d'un assez grand crédit sur la place. Étrange mouvement de la société, et le seul peut-être qu'on doive attendre de la nouvelle direction des esprits : les artisans ont cédé la place aux machines, les artistes sont tombés à celle des artisans, et tout se perfectionne !

Comme le musée de Londres admet à ses *exhibitions* solennelles tout ce qui lui est présenté, sans concours, sans examen et sans jugement, on doit s'attendre à y trouver beaucoup de choses médiocres et beaucoup de choses au-dessous du médiocre; c'est un inconvénient auquel on est peut-être exposé dans certains pays où l'on y prend plus de précautions.

Si les Anglais méritent, comme je le pense, la réputation de bon sens dont ils jouissent parmi les peuples; s'ils ne joignent pas à de justes titres d'orgueil national des prétentions bien exagérées, bien fausses, bien absurdes, j'aime à croire qu'ils ne se flattent pas d'avoir jamais une école dans la sculpture et la peinture historiques. Les raisons qui les ont privés de cet avantage sont probablement très-faciles à trouver pour les observateurs qui cherchent à reconnaître dans la statistique des différentes nations l'action incontestable des institutions sur les arts. La statuaire n'offre de remarquable cette année que huit bustes admirables de Chantrein. On remarque dans ce nombre celui de l'évêque de Rochester, et sur-tout celui de sir Walter Scott, dont un marbre vraiment animé reproduit la physionomie comme je la lis dans ses ouvrages, pleine de pénétration, de finesse et de puissance : tout ce qu'il faut de grandeur pour s'élever aux plus hautes conceptions de l'homme ; tout ce qu'il faut d'ingénieuse malice, de goût et de philosophie pour se jouer, en les prodiguant sans mesure, des ressources du génie même; un mélange de Corneille et de Molière, de Swift et de Milton. Le Walter Scott de Chantrein a le front d'Homère et la bouche de Rabelais. Il doit être fort ressemblant.

Dans la peinture, le paysage et la marine sont les genres où les Anglais ont le moins de rivaux en Europe. C'est comme dans la nature, et chacun affectionne les richesses de son pays. Quelques-uns de leurs tableaux surpassent presque toutes les idées qu'on peut se faire de la perfection en ce genre; mais la palme de l'exposition est due à un grand paysage de Constable, auquel les maîtres anciens et modernes ont peu de chefs-d'œuvre à opposer. De près, ce sont de larges empâtements de couleurs mal étendues qui offensent le tact à l'égal de la vue, par leur grossière inégalité. De quelques pas, c'est une campagne pittoresque, une maison rustique, une rivière basse dont les petits flots blanchissent sur les cailloux, un char de paysan qui traverse le gué. C'est de l'eau, de l'air et du ciel; c'est Ruysdael, Wouvermans, ou Constable. Il ne faut cependant décourager personne, et les Français ne sont pas faciles à décourager. Quoique nous ayons des paysages moins frais que les Anglais, parce que nous vivons dans une atmosphère moins humide, et que notre marine nous occupe moins exclusivement, parce que nous tenons à un continent où nous avons fait quelquefois beaucoup de chemin, nos *exhibitions* prouvent de temps en temps que nous sommes en état de produire des choses admirables, même en paysage et en marines. Il faudrait seulement pour cela que nos artistes ne regardassent pas le voyage de Rome comme l'unique complément des études classiques. La nature est classique aussi, car c'est elle qui a formé tous les modèles, et il est bon de la revoir quelquefois. J'ai admiré dans nos provinces plusieurs de ces aspects enchantés que les Anglais nous envient, que les Anglais nous emportent, si l'on peut s'exprimer ainsi, et que nous sommes étonnés de reconnaître dans leurs dessins, parce que nos artistes ne voyagent pas, ou, si l'on veut bien me le permettre, parce qu'ils voyagent mal. Quel pays, si favorisé qu'il soit de la nature, ne s'enorgueillirait pas de la beauté des rives poétiques de la Loire, ou de la majesté âpre et superbe des Pyrénées? Combien de fois je me suis arrêté, frappé d'admiration, au pied de cette cascade du Jura qui se précipite du haut du mont Girard, entre des côtes si riches de fleurs et d'ombrages, ou au bord de ce lac romantique qui baigne, sans les inonder, les vertes pelouses de Chalins! Mais je ne suis pas peintre.

Le genre de l'aquarelle est admirablement traité en Angleterre. Turner y a conservé sa supériorité des années précédentes; mais plusieurs autres se font remarquer à côté de lui, et ce n'est pas une distinction médiocre. On remarque parmi eux quelques artistes français qui soutiennent très-honorablement à Londres la réputation de notre école. Un Anglais qui m'avait reconnu à la prononciation, et cela n'est pas difficile, avait la bouté de me les indiquer, en accompagnant la citation du livret des éloges les plus flatteurs. Cette politesse nationale devrait être chez tous les peuples éclairés un noble objet d'émulation. Les guerres de procédés sont mille fois plus honteuses que celles des sauvages.

IX.

RICHMOND.

Avec une petite péniche à porter sous le bras, le bon vent, la marée, tant soit peu de courage et beaucoup d'équilibre, on s'embarque sur la Tamise, et, l'oreille charmée des récits d'un spirituel et savant ami comme Hulmandell, on sillonne rapidement la surface d'un fleuve sans joncs, sans vase, sans grèves, qui meurt de tous côtés sur des rives verdoyantes, belles comme les fraîches inventions du peintre le mieux inspiré. Vous laissez à votre gauche le château à l'antique, de nouvelle construction, qui a prêté long-temps au séjour du vieux roi le silence et la retraite de ses murailles gothiques. Plus loin, c'est Twickenham où l'on vous montre la maison de Pope, et, en jetant vos yeux du côté opposé, vous respirez la fraîcheur ténébreuse de Windsor qui lui a inspiré les plus doux de ses chants. Monseigneur le Duc d'Orléans a demeuré à Twickenham, et nous y avons cherché avec un intérêt bien vif l'habitation de M. le colonel Atthalin dont le nom est si cher à la gloire et aux arts, et à qui nous devons personnellement tant de reconnaissance. Il est malheureusement vrai que dans les sentiments les plus naturels et les plus francs de notre pauvre espèce, il entre toujours un peu d'égoïsme.

On a comparé la terrasse de Richmond à celle de Saint-Germain. Cette dernière ne peut toutefois souffrir aucune concurrence sous le rapport de son étendue, de sa majesté imposante qui en fait une sorte de monument, et même de l'immensité de sa perspective et de la variété de ses aspects. La terrasse de Richmond est une allée courte, étroite, peu régulière, sur le revers d'une colline, au pied de laquelle se développe un riche et admirable vallon, couvert de magnifiques ombrages, qui sont entrecoupés çà et là de gazons délicieux, ou se divisent d'espace en espace pour laisser suivre à l'œil le cours romantique de la Tamise. Le grand avantage de ce point de vue, peut-être unique dans la nature, consiste dans la multitude de ces arbres superbes qui ont fait autrefois aussi l'orgueil de nos campagnes, mais dont nous n'avons pas su respecter la vieillesse solennelle, et dont l'absence laisse chez nous à découvert un sol blanc, calcaire, pauvre de couleur, d'effet, de végétation, désagréable au regard et à la pensée. Les Anglais se plaisent à entretenir, pour le seul ornement de leurs paysages, de vastes plantations de grands arbres sans rapport, mais dont les épais feuillages ne cessent de verser dans l'atmosphère embaumée une fraîcheur abondante et salutaire. Nous avons même vu quelques-uns de ces arbres à demi calcinés par le temps, et soigneusement restaurés par la main de l'homme; tant est vive et profonde la sollicitude religieuse qu'ils inspirent! Le respect de ce peuple pour les animaux domestiques lui épargne le spectacle des scènes dégoûtantes et cruelles qui déshonorent trop souvent nos villes. Son respect pour les plantes même contribue, plus que toute autre chose, à l'ornement et à la prospérité de son territoire. Les sentiments tendres et affectueux ne font pas seulement le bonheur de l'homme privé : ils influent sur le bien-être des nations comme sur celui des familles.

X.

OXFORD.

Si je faisais un *Manuel du voyageur en Angleterre*, j'aurais beaucoup de peine à me tirer de ce chapitre. Je crois que personne au monde n'attache moins de prix que moi à l'écriteau des choses. Je cherche des impressions et non pas des noms. Il m'arrive fréquemment d'entendre parler de monuments célèbres que j'ai certainement vus, mais dont je ne me suis pas informé à mon *Cicerone*, quoique frappé d'admiration à leur aspect. Cette manière de jouir du beau a peut-être quelque chose de sauvage; mais je ne la changerai pas contre une autre, parce qu'elle est indépendante, et que la liberté est pour moi le plus grand attrait de tous les plaisirs. Nous sommes bercés depuis l'enfance de la réputation de tant de merveilles consacrées par le suffrage des siècles, qu'il y a d'ailleurs un charme assez piquant dans la possibilité d'une sensation nouvelle : et toutes les sensations ont ce charme-là pour un homme qui ne les goûte que dans le vague et qui n'attend pas, pour s'extasier, qu'on lui apprenne qu'un tableau est d'Apelle, ou une statue, de Polydore. Je pourrais, le *Guide d'Oxford* à la main, couvrir ici douze pages des noms des artistes, des savants et des monuments dont on m'a entretenu pendant mon séjour à Oxford, et dépenser, sans m'appauvrir, l'érudition d'un catalogue et la richesse d'observation d'une table des matières; mais je ne consulte que ma mémoire, et ma mémoire ne me rappelle que ce qui m'a frappé. Un autre verra autre chose, et verra mieux : cela n'est même pas difficile.

Le premier aspect d'Oxford est

extrêmement imposant : c'est une ville toute gothique, mais entretenue avec un soin non interrompu, depuis le siècle reculé où les historiens placent la première époque de son illustration. De loin, les flèches élancées de ses nombreuses basiliques, et leurs murailles couronnées de crénaux, blanchissent entre des masses d'arbres de la plus belle verdure. La magnifique conservation des monuments; l'unité de style de presque toutes ces constructions dont peu d'objets de comparaison altèrent la vaste harmonie, le nom d'Alfred qui plane encore sur cette cité, objet favori de ses munificences royales, tout transporte l'imagination au milieu des souvenirs d'un autre âge. On croirait qu'il y a peu d'années que ces murs se sont élevés à la voix d'un autre Amphion, et que dans leur enceinte seule la marche des siècles s'est arrêtée. Si, préoccupé de cette illusion, on jette les yeux de quelque distance sur la profondeur de la rue ou sous les colonnades des édifices, et qu'on y voie circuler de jeunes hommes vêtus de manteaux flottants, et coiffés de toques antiques, les uns déployant avec orgueil leurs élégantes draperies et volant au plaisir comme les compagnons d'Alcibiade, les autres immobiles, silencieux, recueillis, absorbés dans une laborieuse méditation comme les élèves de Pythagore, le prestige devient complet, et l'on s'étonne de porter seul un habit moderne au milieu de ce peuple des temps anciens. Il n'est pas difficile enfin de trouver à Oxford un guide latin, une conversation latine, avantage d'ailleurs extrêmement rare en Angleterre; mais cette ville des sciences n'est, pour ainsi dire, qu'une vaste université. Elle possède, si je ne me trompe, seize colléges, fréquentés par plus de deux mille jeunes gens des trois royaumes.

Le collége Volsey, fondé par le cardinal de ce nom, est remarquable par sa belle chapelle où se sont conservées de nombreuses parties de cette architecture intermédiaire que les Anglais appellent saxonne, que nous pourrions appeler normande, et qui a précédé de plusieurs siècles l'introduction de l'ogive. Ces monuments dont l'Angleterre s'enorgueillit avec raison sont très-rares dans ses provinces, et sous ce rapport, comme sous plusieurs autres, elle aurait quelque chose à nous envier, si nous comptions des monuments pour quelque chose. Au moment où j'écris, on dessine, on peint, on grave, on modèle en Angleterre un bout de muraille de peu d'importance. Chez nous on démolit des temples et des palais. O charmantes églises de Lery, de Burlay, de Saint-Hippolyte de Biard, chefs-d'œuvre d'imagination et de goût que j'ai vus, avec tant de douleur, abandonnés aux ravages du temps avant de l'être à ceux de la *bande noire*, est-ce manquer aux devoirs du patriotisme, que de regretter qu'un coup de baguette magique ne puisse pas vous transporter en Angleterre? Vous y subsisteriez du moins pour charmer encore les yeux du Français voyageur, en lui rappelant, dans ses courses lointaines, les graces et les ornements de la patrie!

La bibliothèque du collége Volsey, quoique fort belle, est bien inférieure à la bibliothèque Bodléienne. La galerie de tableaux renferme de superbes et nombreux ouvrages de Titien, de Dominichin, de Carle Maratte, des Caracches, et une précieuse esquisse peinte de la *Descente de Croix*, de Daniel de Voltcrre. Le réfectoire des élèves est orné d'une décoration que je trouve fort bien entendue : c'est une suite de portraits des hommes célèbres que cette école a produits. Quelques-uns d'entre eux sont admirablement peints par Reynolds et les plus habiles de ses rivaux ; mais le sentiment général qui résulte de l'aspect de ce congrès de sages et de savants se passerait même des enchantements du pinceau. Quelle idée de son avenir, quelle noble émulation, quelle juste ambition de gloire doivent s'éveiller dans le cœur de l'étudiant, qui voit présider aux moindres actions de sa vie privée cet auguste sénat des patriarches de la science! Le naturaliste salue en entrant les traits vénérables de Dillen, et le juriste, qui a passé la nuit à méditer sur les lois, élève jusqu'au profond Blakstone un regard d'admiration qui menace peut-être cette haute renommée d'une rivalité à venir. Ces jeunes gens s'accoutument à vivre parmi leurs modèles comme si la nature les leur avait laissés vivants, et, quand ils parviennent à augmenter de quelques acquisitions nouvelles l'immense domaine qui leur a été légué, ils ne méconnaissent pas la main protectrice qui leur prêta un fil dans le labyrinthe et une lumière dans les ténèbres. Nous pratiquons autrement l'éducation en France, et j'ai quelque regret de le dire. Persuadés que la science a commencé hier, et que toutes les sources de la gloire sont ouvertes d'aujourd'hui, parce que nos théories ignorantes et présomptueuses reposent toutes sur ce principe ridicule, les étudiants n'apprennent guère qu'une chose dans nos écoles publiques ; c'est qu'ils en savent plus que leurs maîtres ; et, à voir la manière dont on les instruit, je ne suis pas extrêmement éloigné de leur opinion.

La chapelle du New-Collége est un des plus jolis monuments de l'architecture gothique. Les vitraux modernes sont de toute beauté, et ceux qui s'élèvent au-dessus de la façade, interposés entre la nef et le soleil couchant, produisent un effet magique. Ils représentent une adoration des bergers, et au-dessous, neuf figures des Vertus chrétiennes, dessinées avec une correction et une grace que les amateurs d'antiquités ne préféreront peut-être pas à la naïveté du temps, mais qui rachètent bien, par la perfection du travail, quelque défaut d'harmonie et d'originalité. Dans la cour du même édifice, on admire le cloître gothique le plus élégant et le mieux conservé que nous ayons vu en Europe.

La bibliothèque et le musée Radcliffe, immense bâtiment circulaire, d'un goût moderne ou renouvelé des Grecs, qui paraît étranger à la ville ancienne, et du sommet duquel on découvre son merveilleux panorama, offrirait au pinceau de M. Prévost le sujet d'un nouveau chef-d'œuvre. Nous y avons remarqué des antiques extrêmement précieux, et une fort bonne bibliothèque d'histoire naturelle, particulièrement riche en ouvrages français.

Que dirais-je de cette belle collection de Bodley dont je parlais tout-à-l'heure, qui eût échappé à l'investigation des compilateurs d'itinéraires et des rédacteurs d'almanachs? La galerie de tableaux nous a paru moins riche et moins importante que celle du collége Volsey, quoiqu'elle contienne une suite assez curieuse de portraits des plus célèbres classiques anglais ; mais ces peintures n'ont guère de mérite si elles sont aussi peu ressemblantes qu'elles sont généralement médiocres d'exécution. Il faut y voir cependant une *École d'Athènes*, exécutée, à ce qu'on dit, par Jules Romain, d'après les cartons de Raphaël, un excellent Érasme d'Holbein, et un portrait enchanteur de Marie Stuart. On montre aux curieux, dans la cour de ce vaste bâtiment, une façade de la renaissance où les cinq ordres de l'architecture sont réunis, en cinq étages, d'une manière plus piquante par la singularité que satisfaisante pour le goût. C'est un *specimen* d'un genre extraordinaire, et rien de plus. J'oublie nécessairement beaucoup d'autres choses, et peut-être celles que je m'étais le plus fermement promis de ne pas oublier. On les trouvera partout.

J'ai dit que les étudiants d'Oxford avaient un costume particulier fort remarquable. Il n'est pas absolument uniforme. Les différents états de la société auxquels ces jeunes gens appartiennent sont indiqués par autant de modifications dans leur habillement. Le *nobleman* est distingué du *gentleman*, qui l'est lui-même du *common* dont le lot ne me paraîtrait pas fort gracieux s'il n'avait l'avantage de compter encore du haut de son rang de *common* quelques degrés inférieurs. Il y a moyen d'envisager cette partie de l'institution sous différents rapports et de dire des choses très-spécieuses dans l'un et l'autre sens; comme tout est vrai en politique, selon les âges de la civilisation et le caractère des peuples, la thèse même de la classification est aussi bonne à soutenir qu'une autre, et le philosophe pratique qui se soucie assez peu de la classification pour s'accommoder de l'abjection d'Épictète ou du Paria, et qui ne conçoit pas que leur avilissement de convention puisse influer sur la dignité d'une ame élevée, n'attacherait probablement pas grande importance à cette discussion puérile; mais j'avoue que l'inégalité des conditions si indispensablement imposée à l'homme social, si douloureusement humiliante pour l'homme naturel, ne me paraît nulle part plus déplacée que dans la carrière des sciences, et entre des étudiants d'une fortune indépendante qui viennent, avec des droits égaux, puiser l'instruction à la même source. Il semble du moins que c'était là que devait se réfugier l'inexécutable fiction de l'égalité, si l'esprit de domination et la vanité insatiable des hautes classes de la société avaient pu la tolérer quelque part.

Ces détails n'empêcheront personne en France de regarder la Grande-Bretagne comme *la terre classique de la liberté et de l'égalité*, tant que cette niaiserie politique ne sera point passée de mode avec une foule d'autres impertinences. Je suis cependant convaincu que s'il existe un pays où les libertés nationales soient plus étroitement et plus sévèrement circonscrites, où les nuances d'état soient marquées d'une manière plus mortifiante pour les classes inférieures, il faut le chercher hors de toutes les limites de la civilisation européenne. Il n'y a rien qui ressemble aux essais grossiers de la société comme ses perfectionnements.

XI.

DE LONDRES A ÉDIMBOURG.

Yorck est une jolie ville, agréablement située au milieu d'une campagne romantique. Sa cathédrale passe à juste titre pour un des plus beaux monuments de l'architecture intermédiaire. Rien de plus majestueux que son ensemble, de plus imposant que ses proportions qui lui donnent, pour l'étendue, la seconde ou la troisième place parmi les grandes basiliques de l'Europe de plus élégant que ses longues fenêtres en lancette, de cinquante-sept pieds de hauteur sur cinq de largeur; de plus noble et de plus riche enfin que son magnifique jubé gothique dont le devant est garni d'une suite de statues des rois d'Angleterre qui commence à Guillaume-le-Conquérant et finit à Élizabeth. Le concierge qui montre ces merveilles aux voyageurs ne manque jamais de les prévenir, à leur départ, qu'ils ne verront plus rien de semblable sur toute la terre, et cette hyperbole patriotique ne produit pas l'effet ordinaire des hyperboles. Elle ne choque point.

Durham, capitale du comté de ce nom, passe pour une des villes les plus pauvres de l'Angleterre. Nous y trouvons pour la première fois des mendiants, après cent cinquante lieues de voyage; ce sont de jolis enfants qui chantent, sur un de ces airs nationaux si tristement monotones, des souhaits de prospérité aux voyageurs. Trop heureux l'homme sensible aux beautés de la nature et de l'art, si un pénible sentiment n'en altérait pour lui l'impression dans cette ville d'ailleurs pittoresque et charmante! L'œil est frappé de loin par l'aspect de sa vaste et superbe métropole, d'où descend et se déploie le long de l'horizon un large demi-cintre de maisons blanches, surmontées de toits d'un rouge éclatant; mais l'admiration s'accroît encore au passage hardi du pont de Framlingate, jeté, d'une colline à l'autre, sur une gorge au fond de laquelle la rivière court entre des ombrages ravissants. C'est dans les noires murailles du château ruineux de Durham que la plupart des chroniqueurs écossais font pénétrer Wallace sous les habits d'un barde ou d'un troubadour, pour y conférer avec Robert Bruce.

La dernière ville du comté de Durham n'est séparée que par un pont de la première ville du Northumberland: c'est Newcastle, célèbre par son château, par sa cathédrale gothique dont le style original est particulier à ce monument, et surtout par son commerce. On arrive au sommet de la montagne rapide que domine le quartier principal par la rue la plus longue, la plus droite, et en même temps la plus roide et la plus périlleuse que j'aie vue de ma vie. Les chevaux exercés à ce tour de force l'exécutent de fort bonne grace. Et puis on laisse derrière soi les mines de charbon de terre, les fourneaux brûlants des usines, les huttes enfumées des ouvriers, le fameux marché de Morpeth, et on s'arrête à Alnwich, devant la merveilleuse façade du château des ducs de Northumberland, dont l'ensemble est un des plus singuliers qu'il soit possible de concevoir. Toute sa vaste étendue est couronnée de créneaux, et chacun des créneaux porte la statue d'un chevalier armé en guerre dans les attitudes variées du combat. Ce précieux monument d'antiquité a été restauré souvent, mais avec une fidélité si exacte, qu'il n'a rien perdu de sa physionomie primitive (1). Plus

---

(1) Je crois que la dernière restauration date d'une soixantaine d'années. Elle était récente à l'époque du voyage de Dutens, vers 1770. On sait qu'il parcourait l'Europe en riche amateur et de châteaux en châteaux. Il dit dans son *Itinéraire*, souvent

bas, un pont qui est également du moyen âge et de la même conservation, traverse une jolie rivière dont le cours baigne des prairies délicieuses. C'est non loin de là que ce vaillant Douglas fut tué par un des jeunes Percy, qui furent faits prisonniers tous deux dans la même bataille. A quelque distance une croix, élevée sur votre droite au-dessus de la côte, marque le dernier champ de bataille et le lit de mort d'un roi soldat. C'est l'endroit où est tombé Malcolm. Enfin, vous

---

réimprimé sans être plus commun, qu'il n'a rien vu d'aussi magnifique que le château d'Alnwich. Je suis tout-à-fait de son avis.

passez une rivière de plus, vous traversez une petite ville remarquable par ses maisons rouges et son clocher élancé; vous êtes à Berwick et sur le territoire d'Écosse. Le paysage, sans cesser d'être riche, devient plus austère et plus varié; les montagnes dessinent sur l'horizon des arêtes plus aiguës, des profils plus crus et plus bizarres; des ravins terribles coupent le sol des deux côtés de la route à une grande profondeur. Vous voyez se succéder sur votre chemin des promeneurs en manteaux d'étoffes quadrillées, de petits enfants en toques de laine bleue, des jeunes filles en chapeau de paille, en jambes nues, à la physionomie vive et riante.

aux yeux circassiens; des Bohémiennes qui fument gravement leurs pipes. Votre attention est distraite d'espace en espace par des objets agréables et toujours nouveaux; ce sont des pâturages pittoresques chargés de troupeaux bondissants, des friches sauvages, mais superbes, que hérissent les sceptres d'or du genêt, que décorent de leurs grappes élégantes les souples rameaux du cytise. Plus loin, c'est au milieu d'un bois de sapins lugubres, le vieux château de Douglas, et son pont gothique d'une seule arche lancé à cent vingt-deux pieds de hauteur au-dessus du torrent; le port romantique de Dunbar; Haddington et ses jolies campagnes, et sa rivière qui roule sur des rocs de granit. Enfin vous parvenez au pied d'un groupe de montagnes parmi lesquelles vous distinguez *Arthur's seat*, ou le trône du géant, et vous entrez à Édimbourg.

Nous avons fait une partie de cette route pendant les heures de la nuit, mais favorisés par la clarté presque non interrompue du jour polaire, sous un ciel que n'abandonne jamais tout-à-fait, à cette époque, la lumière du soleil, et où le crépuscule ne commence à s'évanouir que devant les premières clartés de l'aurore.

XII.

ÉDIMBOURG.

Indépendamment des institutions politiques et littéraires qui font d'Édimbourg une des villes les plus intéressantes de l'Europe moderne, et des monuments ou des souvenirs qui lui donnent le droit de rivaliser avec les villes les plus célèbres de l'Europe ancienne, il semble que le nom d'Athènes du Nord, qui ne lui est pas contesté, soit pour elle un privilége de localité, fondé sur des ressemblances topographiques très-sensibles. La ville d'Édimbourg est séparée de la mer par une voie droite de la même figure et de la même longueur que celle qui conduit d'Athènes au Pirée; c'est le faubourg de Leith. Elle embrasse dans son enceinte une montagne surmontée d'une forteresse ou citadelle antique qui rappelle l'Acropolis. C'est le château d'Édimbourg. Arrivé à cette cime majestueuse et distrait par je ne sais quels sentiments, je n'ai rêvé qu'Athènes et j'ai cherché le Parthénon.

A quelque distance s'élève une

autre montagne, aussi enclavée dans les murailles de la ville, et sur laquelle on va visiter le monument de Hume ou celui de Nelson. De là, les yeux tournés vers le château, on est placé entre deux villes très-distinctes, également remarquables ; à gauche, la ville vieille, noire et sévère comme les constructions d'un fort des temps chevaleresques ; à droite, la ville neuve, blanche et brillante comme une enceinte de palais. Les maisons y sont beaucoup plus élevées que celles de Paris, les rues beaucoup plus larges que celles de Londres, presque toutes tracées au cordeau comme celles de Turin, et il y en a quelques-unes qui ont un mille. La plupart sont construites d'ailleurs d'une pierre blanche, étincelante de mica, et quand le soleil frappe sur leurs paillettes spéculaires, on croirait tous les édifices marquetés de diamants.

Nous sommes arrivés à Édimbourg un dimanche, c'est-à-dire dans un de ces jours d'étroite observance où toutes les maisons sont fermées, tous les magasins impénétrables, tout le monde en prières. La solitude était immense, absolue, et le premier sentiment que nous ayons éprouvé à Édimbourg, c'est que cette prodigieuse cité avait été bâtie autrefois pour une race de géants qui a depuis long-temps disparu de la terre.

On chercherait en vain dans la vieille ville la prison d'Édimbourg, plus célèbre encore par un excellent roman qu'elle ne l'est dans l'histoire. La prison actuelle est neuve, mais d'un goût ancien, comme presque tous les bâtiments qui s'élèvent dans la Grande-Bretagne. La place du palais de justice est reconnaissable à une mauvaise statue de Charles II qui ne contribue pas à son ornement. Il s'en faut bien que ce soient ici les monuments remarquables d'Édimbourg; mais je procède par ordre, et S. Walter Scott qui exerce un emploi éminent dans la judicature, aurait pu se trouver là. Il n'était malheureusement pas venu, et j'ai perdu mon voyage. Nous ne verrons que l'Écosse.

La cathédrale est ruineuse, gothique, surmontée d'un clocher gothique aussi mais un peu plus moderne, dont la pyramide se termine par une espèce de couronne bizarre.

L'œil embrasse du haut de la plate-forme du château un magnifique horizon. J'ai été peu curieux de visiter l'intérieur de cette forteresse dont l'aspect redoutable fait probablement le plus grand mérite, et qui semble menacer de sa chute la superbe rue appelée *Prince's Street* qu'on voit s'étendre le long de sa bâse. Je ne désirais pas davantage d'examiner les *Regalia* ou insignes royaux des souverains d'É-cosse, retrouvés récemment dans une chambre close depuis plus d'un siècle. J'ai remarqué que mes sensations perdaient beaucoup à être détaillées. Ce que je ne me suis pas lassé d'admirer, c'est l'ensemble de cette ville majestueuse dont les rues, toutes rivales d'étendue et de beauté, finiraient cependant par accabler l'imagination de la monotonie de leur grandeur symétrique, si cette impression n'était suspendue ou modifiée de temps en temps, à la vue de quelque monument qui les distingue, ou de quelque *square* verdoyant et ombragé qui les sépare. La place projetée du *Circus* dont le nom indique la forme, et qui sera, dit-on, terminée dans trois mois, est digne d'Athènes elle-même.

Les derniers moments de notre séjour concouraient avec une circonstance heureuse. Ce n'était cependant ni l'époque du bal gallique, ni la distribution du prix de la cornemuse. Un autre motif que je ne connais point avait amené à Edimbourg une dixaine de chefs de clan ou de tribu dans la pompe de leur admirable costume. Quand on parle aux Parisiens des montagnards écossais, ils ne voient qu'un soldat rouge qui n'a point de haut-de-chausses, et qui campe au bois de Boulogne. Ce n'est pas là qu'il faut voir les Écossais, Dieu nous en garde! c'est en Écosse. Le chef de la tribu écossaise, avec son poignard et ses pistolets de flibustier, son bonnet de cacique, son manteau drapé à la grecque, ses brodequins quadrillés qui rappellent, comme toutes les étoffes du pays, le tatouage des anciens habitants qu'elles leur ont fait oublier, son bâton de cytise recourbé en signe de commandement, sa demi-nudité sauvage, et avec tout cela son air noble et doux, est une tradition vivante, peut-être unique en Europe, de nos âges de force et de liberté. Quoique fiers et très-fiers de l'éblouissante beauté de leurs parures, ils ne marchent pas, ils volent, sans rien regarder, sans s'arrêter à rien, et traversent les villes comme des lions égarés. Ils doivent y éprouver, à la vérité, quelques sentiments pénibles. Ce peuple fût libre comme eux, et il est venu se précipiter sous le joug des convenances et des lois dans l'intérêt de sa paresse et de sa cupidité. Je comprends bien que les montagnards des Highlands méprisent les hauts-de-chausses de l'homme civilisé. Il y a des chaînes après.

XIII.

HOLY-ROOD.

Holy-Rood est l'ancien palais des rois d'Écosse à Édimbourg. Il a été fondé par David 1er en 1128. La construction de son admirable chapelle doit être d'une époque un peu plus rapprochée. Là reposent les restes de Jacques II, de Jacques V, d'Henri Darnley, d'une foule d'autres personnages distingués par leur rang ou leur caractère historique. Au milieu des ruines de cette église, trop négligée pour l'honneur de la nation, s'élèvent deux fragments de ruines singuliers par leurs physionomie pittoresque. Ce sont les bases et les premières assises de deux de ces faisceaux de colonnes qui portaient les voûtes des anciennes églises en s'épanouissant à leur sommet. Tronquées à une médiocre élévation, elles représentent à l'œil les groupes de prismes noirs des grottes basaltiques.

On nous a conduits de là dans les appartements que les princes français ont occupés pendant quelques années de leur long exil. La simplicité de cette demeure royale a quelque chose de touchant. Le seul ornement qui la distingue de l'intérieur d'une vieille châtellenie, est une assez bonne collection de portraits de quelques nobles Écossais, et de je ne sais combien de belles illustrées par les volages amours de Charles II. Certains sont dus au pinceau de Wandick, et cités parmi ses meilleurs ouvrages; d'autres appartiennent à Mytens, son prédécesseur en réputation, ou à Ramsay, un de ses plus habiles rivaux. La chambre de Monseigneur le duc d'Angoulême a vue sur d'âpres masses de rochers, perspective qui a bien valu quelquefois celle du trône. Je n'ai pas eu occasion de m'entretenir des souvenirs du séjour des Bourbons avec les grands, mais il a laissé une profonde impression d'attendrissement et de respect dans le peuple ; et je le dis parce que c'est vrai.

Cet appartement, ce château rappellent d'ailleurs d'autres infortunes. C'était un grand sujet de méditation pour l'histoire que les Bourbons réfugiés dans le palais tragique des Stuarts. On respire là, si l'on peut s'exprimer ainsi, je ne sais quelle atmosphère de malheurs solennels qui s'augmente de siècle en siècle. Il faudrait que la pitié eût tout-à-fait disparu de la terre pour qu'elle ne revînt pas pleurer devant de si grandes douleurs. Un tableau qui représente la famille de Charles Ier après son supplice, était le premier objet qui frappât le réveil du frère de Louis XVI.

Il y a peu de distance de cette partie du château à celle qui a été occupée par l'infortunée Marie. Ici je me recueille dans quelques-unes des plus fortes impressions de mon cœur. Tous les détails de cet appartement ont été conservés avec l'exactitude la plus religieuse. Il est intact dans ses grandeurs et dans ses misères. On n'y trouve d'autres modifications dans l'état des meubles, des tapis, des tableaux, des draperies, que celles qui sont l'ouvrage nécessaire du temps. Ce sont des haillons royaux qui auraient encore leur splendeur, si les vers les avaient respectés comme les hommes. On remarque dans la première chambre le lit de Marie, ses fauteuils, ses canapés où elle avait brodé le chiffre de son premier mari; jusqu'à la corbeille à ouvrage sur laquelle sa jolie main s'est si souvent appuyée; jusqu'à sa boîte de toilette. On peut s'attendre à voir tirer du trésor du royaume la couronne de Marie Stuart, ou son anneau nuptial d'un riche écrin, mais l'esprit n'est pas préparé à la vue de son métier et de ses fuseaux. Le seconde pièce est encore une chambre à coucher dont le lit à colonnes grêles enveloppées d'une mauvaise étoffe rose est accompagné de hautes chaises en forme de stalles d'une figure singulière. Une vieille tapisserie du temps relevée dans le fond laisse apercevoir deux portes étroites, celle de l'issue dérobée par laquelle Darnley s'introduisit avec ses assassins pour surprendre Rizzio, l'autre celle d'un cabinet où ils durent se cacher. On y montre encore la lance et la lourde armure d'Henri Stuart. Enfin on reprend la même route, et on sort de la première chambre à coucher par un vestibule obscur et allongé qu'on n'avait pas distingué en entrant. On y reconnaît à une forte empreinte de sang l'endroit où Rizzio reçut le coup mortel, et à d'autres empreintes irrégulièrement tracées sur le pavé en sillons confus les efforts de sa lutte inutile. Je ne sais si cette sensation m'est particulière, mais je n'ai rien vu de pareil à ce théâtre d'une des sanglantes tragédies de l'histoire moderne, avec toutes ses décorations, jusqu'à celle du sang, qui est resté là sans s'effacer, comme celui de Duncan sur les doigts de Lady Macbeth. Il est à remarquer qu'il n'y a rien de plus difficile à effacer que le sang. C'est le témoignage qui s'élève toujours contre le meurtre ; sur cent accusations d'homicide, il n'y a eu pas une seule où il ne serve d'indice. Il crie même devant l'histoire et la postérité. Les planchers d'Holy-Rood ont bu le sang de Rizzio dans toute leur profondeur. On ne le lavera plus.

Le souvenir de Marie Stuart est vivant à Holy-Rood, comme si elle avait été décapitée hier à Fotheringay. Il est vrai que les vestiges de son passage sont par-tout. Nous avons vu dans la chapelle le recoin isolé où était placé son confessionnal. Son image se trouve dans la longue galerie des images historiques, ou traditionnelles, ou fabuleuses des rois d'Écosse, car Fergus même n'y est pas oublié. Elle se reproduit dans toutes les galeries, dans toutes les chambres, et souvent plusieurs fois; dans une, entre autres, où le portrait de la jeune princesse, revêtue des atours de ses fiançailles avec le jeune roi de France, oppose un étrange contraste au portrait de la fiancée de Botwell. Ce dernier tableau est surprenant par je ne sais quel prestige de ressemblance idéale, qui répond juste à une combinaison de traits et d'expressions qu'on a arrangée sans le savoir ou qu'on a devinée. Marie Stuart y est encore reine; elle y est femme sur-tout; un jeu fin du regard, l'épaisseur sensible des lèvres, la mollesse à demi abandonnée, à demi agaçante de la physionomie révèlent à mon imagination plus de secrets que l'histoire contemporaine. Je voudrais que Schiller eût vu ce tableau, ou que Shakspeare eût pu traiter ce sujet. Dans la salle voisine est un beau portrait de Darnley, de l'école hollandaise. Il y est mince comme un spectre, mais svelte, élancé, audacieux, terrible. On conçoit la puissance de ce fantôme sur la faible organisation d'une femme.

La respectable dame qui nous guidait dans ce palais, ajoutait un prestige aux nombreux prestiges de ce singulier spectacle. Son âge, son costume si ancien et si noble, son langage difficile pour nous, et qu'un mélange d'écossais antique rendait

7

de temps en temps plus inintelligible et plus solennel, la gravité religieuse de ses récits, attendris de moment en moment par de touchantes exclamations, tout cela nous donnait l'idée d'une des femmes de la pauvre Marie, condamnée peut-être pour quelque complaisance coupable à venir montrer, pendant de longs siècles, aux étrangers curieux ce lieu qui lui rappelle un remords et une punition. En vérité, je ne crois pas cela.

En revenant, nous nous sommes arrêtés devant l'emplacement d'une maison qui portait le nom de Milton, mais on venait de la rebâtir. Le propriétaire du terrain ne l'avait pas trouvée commode.

XIV.

D'ÉDIMBOURG A GLASGOW.

Il y a un âge de la vie où nous n'exerçons plus sur ce qui nous entoure cette puissance de sensibilité qui entraîne, qui domine, qui nous fait craindre, et sur-tout qui nous fait aimer; un âge où cependant l'ame encore énergique, encore jeune, conserve dans la seule possession de ses souvenirs quelque chose de délicieux qui ne se manifeste qu'au sein d'une entière solitude. Mon cœur a palpité de joie à l'idée que je pouvais arriver sans guide et sans compagnons au bord des lacs de Calédonie, parmi ce peuple qui n'entend pas même l'anglais, que j'entends moi-même tout au plus de manière à obtenir, à force de périphrases ridicules et de gestes extravagants, le contraire de ce qu'il me faut. Cette situation extraordinaire dont on ne peut sortir que par le besoin d'exister, a quelque chose d'impérieux qui renouvelle la vie, et je l'ai souvent éprouvé dans mes voyages. C'est ce qui m'a fait désirer de me séparer pendant quelques jours de mes amis, et d'exister dans mes sensations propres, pendant que les leurs se communiquent et se confondent. Un pays nouveau, une nature et des mœurs nouvelles, pour quatre hommes c'est un spectacle; pour un homme, c'est une conquête.

La solitude d'un Français en Écosse est d'autant plus absolue que la connaissance des langues classiques y est, comme je l'ai dit ailleurs, très-rare, pour ne pas dire nulle. Il n'y a rien de plus difficile à trouver qu'un Anglais de la génération actuelle et de la classe commune qui sache le latin, que tout le monde savait il y a cent ans, et j'ai eu le déplaisir de m'en convaincre, même chez les libraires qui sont nécessairement fort savants. Cette singularité s'explique toutefois par la vogue funeste des déplorables méthodes de Bell et de Lancaster (1) qui ont réduit toute la partie inférieure de la société à une éducation superficielle et grossière, et qui ont substitué un mécanisme ridicule au génie de l'enseignement. Cependant ces méthodes sont beaucoup

---

(1) J'atteste, sur ma conscience, que cette opinion n'est déterminée en rien par mes opinions politiques. Les honnêtes gens de tous les partis seront d'accord sur l'indécence et l'absurdité de l'enseignement mutuel, quand l'enseignement mutuel ne sera plus une affaire de parti.

mieux appropriées aux institutions et au caractère moral de la Grande-Bretagne qu'aux nôtres. Elles peuvent faire du moins des boxeurs de dialectique et des moniteurs de taverne ; mais elles ne produiront jamais un homme distingué. N'est-il pas remarquable aussi que depuis un grand nombre d'années il ne soit pas sorti, en Angleterre, un beau talent littéraire de la classe du peuple? Sous notre ancien système d'enseignement, si hautement méprisé, le fils d'un boucher de Melun devenait précepteur des rois, le fils d'un marchand de vin d'Amiens faisait les délices de la cour; l'université se recrutait plus tard chez les couteliers de Langres, l'académie chez les chaudronniers de l'Auvergne et les chapeliers de Lyon. Polymnie confiait sa lyre à un cordonnier qui aurait été appelé à toutes les distinctions sociales, s'il avait été un honnête homme. Les grands seigneurs se disputaient l'avantage d'héberger un ouvrier de Genève, fort ennemi de tous les pouvoirs, mais éloquent et sensible. Voyez l'Angleterre aujourd'hui, avec cette éducation *philosophique* et *libérale* qu'on prône sans savoir pourquoi, ou plutôt, parce qu'on ne sait pas encore qu'elle n'est ni *libérale*, ni *philosophique*. Il n'y reste presque pas un homme digne d'être cité dans la haute littérature (j'en demande pardon à Southey s'il n'est pas noble, et je ne m'en suis pas informé); pas un homme remarquable, dis-je, qui ne soit lord ou baronnet; et pour peu que le même système s'établisse chez nous, ne cherchez plus de génie dans les ilotes de la société moderne. Pour trouver un talent, il faudra brusquer un Suisse et traverser une antichambre. Heureusement nous n'en sommes pas encore là.

Il y a toutefois de singulières contradictions dans la nature et dans l'esprit de l'homme. Vous avez entendu dire à nos philosophes de Paris que l'humanité est redevable aux

Écossais de deux grands bienfaits dont le second me paraît très-réel, l'enseignement mutuel et la vaccine. Vous partez de France, vous arrivez en Écosse, vous visitez ce peuple dans ses villes les plus éclairées, et vous vous apercevez, avec un certain étonnement, que presque tout le monde a eu la petite vérole, et que presque personne ne sait lire.

XV.

GLASGOW.

Les compilateurs de notices cosmographiques citent ordinairement Glasgow comme la ville la mieux bâtie de l'Europe. Je le penserais comme eux, si je n'avais pas vu Édimbourg. Toutefois les rues tracées à la rive gauche de la Clyde sur un plan magnifique promettent de rivaliser un jour avec Édimbourg même, et ce jour n'est pas éloigné, si les progrès de cette belle ville continuent dans la même proportion. Il résulte du relevé de ses chartes particulières qu'elle n'avait que 7644 habitants en 1610, et que ce nombre ne s'est élevé à 84,000 qu'en 1801. Elle en a aujourd'hui plus de 150,000. Elle a donc gagné 140,000 habitants en moins de deux cents ans, et plus de 60,000 en moins de vingt. Cet accroissement est peut-être un phénomène sans exemple dans la statistique.

La rive droite a été long-temps la seule peuplée. On y remarque des rues et des places superbes, *Argyle-Street*, *Queen-Street*, *Georges-Squarre* où est la statue de John

Moore; des édifices d'un goût médiocre, mais d'un bel effet, et particulièrement un joli théâtre. Parmi les monuments religieux on ne cite après la cathédrale qui mérite une mention particulière, que la chapelle catholique dont les habitants de Glasgow sont très-fiers, quoiqu'elle soit de ce gothique renouvelé, si commun en Angleterre, qui pèche presque toujours, et ici en particulier, par l'harmonie des détails; et qui serait infiniment plus intéressant, si les Anglais comptaient beaucoup d'architectes d'un goût aussi parfait que la plupart de leurs graveurs et quelques-uns de leurs peintres. Le coup d'œil de

New-Bridge ou du pont neuf qui conduit au nouveau Glasgow, a quelque chose d'enchanteur. Il rappellerait celui du Pont-des-Arts à Paris, si ses grèves n'étaient pas d'une verdure si fraîche, et si la rivière, sur laquelle il est majestueusement jeté, ne disparaissait pas sous une multitude de bâtiments. Quand on y regarde de plus près, et que l'on considère ces passants enveloppés dans des draperies de couleurs vives et variées, comme celles de Madras; ces Bohémiennes penchées sur le fleuve, qui voient couler l'eau en fumant des feuilles de tabac roulé d'un brun moins obscur que leur peau d'acajou bruni; le pont léger qui court à l'horizon oriental comme un arc de roseau, et sur-tout les nombreux clochers à étages cubiques superposés, qui s'élèvent en décroissant les uns sur les autres, comme certains minarets, on se croit transporté dans l'Orient. Comme Glasgow est encore moins fréquenté et moins connu de tous les habitants du continent qu'Édimbourg, car en Europe il n'y a guère que les Anglais qui voyagent pour voyager, les mœurs et les usages antiques s'y sont beaucoup mieux conservés, surtout parmi les femmes, qui par-tout ailleurs donnent l'exemple de l'instabilité et de l'amour du changement, au moins en fait de modes. Celles de Glasgow ont généralement et judicieusement gardé l'ancienne cappe écossaise, qui est on ne peut mieux appropriée au rigoureux climat du pays. Cette robe qui ressemble exactement au domino de Venise est assez ordinairement d'une laine cendrée de peu d'apparence. Les plus élégantes sont de cette jolie étoffe quadrillée que nos Parisiennes ont affectionnée quelque temps. Les plus communes sont d'un rouge éblouissant dont l'effet produit par un rapprochement d'idées que je n'ai pas besoin de faire sentir, m'a paru horrible au-dessus de deux jambes nues. Les femmes du peuple, presque toutes les femmes de la classe intermédiaire, et un assez grand nombre de femmes de la classe élevée, marchent à pieds nus. Quelques-unes ont adopté les souliers seulement. Les dames à la mode qui ont emprunté les vêtements des Parisiennes, ont aussi emprunté leur chaussure, ou plutôt la nôtre, car elles sont chaussées en hommes; mais cette partie de leur accoutrement est celle qui les incommode le plus, et dont elles se défont le plus volontiers quand elles sont libres. A peine une brillante Écossaise a épuisé l'admiration des *fashionnables* de Glasgow. elle cherche la solitude ; et la première pensée qui l'occupe dans un sentier écarté, dans un jardin solitaire, dans l'ombre mystérieuse de son appartement, ce n'est pas, comme chez nous, le souvenir du dernier homme qui l'a regardée en soupirant, ou de la dernière femme qui a éclipsé sa toilette ; c'est l'impatient besoin d'ôter ses souliers et ses bas, et de courir à pieds nus sur ses tapis, sur la pelouse de ses pièces de verdure, ou sur le sable roulant des chemins. L'aspect de ces pieds nus n'a presque jamais rien de repoussant, même dans le peuple, jamais rien de pénible pour la sensibilité, quand on les voit se déployer sur les dalles polies des larges trottoirs de Glasgow. Les pieds chaussés ont beaucoup plus de désavantage. La forme plate et ample des souliers à boucles ou à cordons qui les enveloppent, ne dissimule pas du tout leur grosseur, qui est très-conforme sans doute aux proportions naturelles, surtout chez un peuple où rien n'a gêné pendant une longue suite de siècles la liberté des développements, mais qui est choquante pour nos yeux accoutumés à l'exiguïté forcée du pied des Françaises, qui sont, sous ce rapport, une espèce d'intermédiaire entre les Écossaises et les Chinoises. Le pied des montagnards, destiné à s'appuyer sur des espaces étroits, glissants, escarpés, devait être nécessairement large et fort. Les pieds dont la petitesse est hors de toute proportion sont une beauté de boudoir, dont l'avantage ne peut être apprécié que des personnes qui sont condamnées par leurs infirmités ou réduites par leur propre choix à ne voir la terre que par la fenêtre et à ne la parcourir qu'en carrosse.

XVI.

LA CATHÉDRALE.

La cathédrale de Glasgow élevée au-dessus de la rue grimpante appelée *High-street*, mais sur le revers du coteau qui la domine, échappe souvent aux recherches du voyageur, qui s'attend peu d'ailleurs à trouver un monument aussi ancien et aussi imposant dans une ville dont la prospérité est si récente et dont l'accroissement date de si peu de temps. C'est, à la vérité, le seul édifice qui atteste que la ville de Glasgow jouissait déja des souvenirs d'une antique prospérité à l'époque où elle a commencé à s'agrandir par son commerce et par ses manufactures. On en fait remonter la construction à la première moitié du douzième siècle, et le style de son architecture qui est celui de l'âge où l'introduction de l'ogive a eu lieu, et où ses angles depuis si élancés n'exprimaient encore qu'un faible brisement dans le cintre, semble effectivement ne pas indiquer une époque plus rapprochée de nous. La vaste étendue de ses bâtiments, l'élévation hardie de sa pyramide, le ton noir et solennel de ses murailles, le caractère noble et simple de ses masses lisses et de ses lignes sans ornements, doivent une expression plus majestueuse encore au hasard de cette localité solitaire dont j'ai cherché à donner l'idée. L'aspect de cet édifice presque étranger à la cité dont il n'est pas aperçu, rappelle celui de ces temples anciens, bâtis au temps où l'enceinte profane des villes ne paraissait pas digne de se fermer sur la maison du Seigneur, et où l'église n'avait pour hôtes de ses parvis sacrés que le peuple silencieux des morts. Des tombes plus ou moins anciennes, plus ou moins décorées qui varient de la forme de la simple pierre sépulcrale jusqu'à celle du sarcophage et de l'obélisque, dont quelques-unes sont entourées de barrières de fer, dont le plus grand nombre sont encloses de bandes de fleurs et couronnées de frais ombrages, couvrent de toutes parts le sol du cimetière qui n'en contiendra plus davantage. Quand on voit ce spectacle pendant la nuit, tous ces marbres d'un blanc de neige qui dressent leur front encore éclatant sur le vert obscurci des gazons et sur le fond noir des murailles, ressemblent à des fantômes convoqués par la cloche de minuit, et qui attendent le lever du soleil pour retourner dans leurs cercueils. Derrière la cathédrale se déploie une longue colline, contre laquelle elle paraît appuyée, et qui ajoute encore à la sévérité de ce tableau par la couleur triste de sa verdure et la figure pyramidale de ses arbres d'hiver, qui s'élancent vers le ciel comme d'autres obélisques à la mémoire des trépassés, et prolongent dans une perspective profonde l'image et la pensée des tombeaux. Deux bâtiments de belle apparence placés aux environs ne diminuent pas cette impression. Ils sont déserts; l'espace entier qui les environne est inhabité, et on les prendrait pour des sépultures particulières érigées seulement par une vanité plus fastueuse. Il faut faire quelques pas du côté de Glasgow, arriver au sommet de la hauteur et voir fumer les longues cheminées des manufactures, pour rentrer dans le domaine de la vie. Là tout s'occupe d'exister, de travailler, de jouir, et un temps viendra cependant où le voyageur qui cherchera sur les bords de la Clyde les souvenirs poétiques qui m'y ont appelé, ne retrouvera ni Glasgow, ni ses manufactures, ni ses tombeaux, car tout meurt de l'homme sur la terre, jusqu'aux vestiges de sa mort.

XVII.

LES BOXEURS.

Je ne décrirai pas les combats affreux des boxeurs, plus multipliés encore en Écosse qu'ils ne le sont en Angleterre. Ces exercices fort dégoûtants quand ils ne sont que des jeux mercenaires, ont toute l'horreur d'une exécution quand la haine des deux parties en fait des duels à mort. Le hasard m'a forcé à subir un de ces cruels spectacles dans la belle promenade de Glasgow. Je n'avais pas encore eu le temps de détourner les yeux qu'on n'aurait plus trouvé moyen de placer un schelling sur le corps de ces misérables sans toucher à du sang. Les cris de *box* de la populace, l'attention féroce des spectateurs, le calme méthodique des témoins officieux qui agrandissaient le cercle de minute en minute, les exclamations qui notaient les coups, les gémissements déchirants d'une femme au désespoir, la douleur plus concentrée, mais non pas moins profonde d'un père, tout cela était effrayant et terrible. Enfin ils sont tombés tous deux à-la-fois sans connaissance. J'ignore s'il leur restait assez de vie pour crier merci.

Je suis revenu tristement chez moi le long de ces bords délicieux de la Clyde que j'avais suivis naguère, absorbé dans des idées si charmantes sur le bonheur des peuples que leurs institutions et leurs mœurs tiennent encore près de la nature. Cette scène de barbares m'avait singulièrement distrait de mes heureuses illusions. Moitié dépit en songeant à mes théories désappointées, moitié attendrissement en réfléchissant à la destinée de l'homme, je sentis une larme mouiller mes paupières et je portai une main à ma poche; on m'avait volé mon mouchoir.

XVIII.

CALÉDONIE.

C̲ᴀʟᴇᴅᴏɴɪᴀᴍ! *Caledoniam!* Que de souvenirs, que d'impressions dans le nom de la première contrée poétique dont la direction de mes études m'ait permis d'apprendre les brillantes inspirations! Ici tout est naturel, grand, sublime; tout porte le caractère d'une antiquité solennelle et inaltérable. Les mœurs de ce peuple, ses vêtements, son langage même sont purs de mélange comme lui; et (remarque sans exception) par-tout où la langue autochtone, ou du moins la langue immémoriale s'est conservée, il reste encore un peuple, parce qu'un peuple c'est une langue. Il n'y aura plus jamais de romains, mais le Parthénon peut se relever un jour de ses ruines si lord Elgin lui en a laissé.

Je suis parti de Glasgow à six heures du matin le 28 juin, par un temps délicieux. Le ciel n'était cependant pas absolument si pur qu'on n'y vît flotter d'espace en espace quelques nuages passagers, dont l'aspect vérifiait d'ailleurs une conjecture que j'avais faite autrefois. C'est que ces vapeurs de nature diverse qui s'élèvent des lacs, des fleuves et de la mer, réfléchissant les lumières du ciel où s'empreignant des ombres des montagnes, et différant toutes entre elles de volume, de densité, de couleur, sont infiniment plus susceptibles de s'imager que les nuages monotones de nos continents, qui flottent sans choc, sans accidents sur des surfaces régulières. La mythologie d'Ossian est nécessairement fondée sur des vraisemblances physiques comme toutes les mythologies, et pendant que je crayonnais ceci, j'ai cru voir Malvina se pencher sur sa lyre en abandonnant aux vents la soie ondoyante de ses cheveux. J'ai senti qu'il m'était aisé de reconnaître dans ces caprices de l'air toutes les ombres des aïeux, mais pourquoi les y chercher? Celle de mon père n'y est pas, et arrêtée sur la place étroite de l'exil où il m'a laissé, elle habite d'autres nuages qui ne passeront plus sur ma tête.

Les premiers milles du voyage au sortir de Glasgow ne sont ni plus ni moins beaux que les plus belles rives de la Saône. Ce sont des plaines bien cultivées, garnies d'habitations élégantes ou de riches manufactures, et dont l'horizon est tout au plus varié par les sinuosités vaporeuses de quelques collines. A neuf milles, la Clyde s'élargit d'une manière extraordinaire. Les ruines de la vieille église de Saint-Patrick viennent incliner sur son cours un pan de muraille sans aplomb, dont l'équilibre étonne les voyageurs. Plus loin les rochers austères de Dunbarton terminent la perspective et ressemblent à une vaste coupole naturelle dont le fleuve n'est que l'avenue. Peu à peu ils se dégagent, ils s'avancent, et découvrent aux regards cette masse basaltique si imposante et si bizarre à-la-fois, qui renferme entre deux pans énormes, divisés par une percussion qu'on ne peut attribuer qu'aux plus anciennes révolutions du globe, le plus triste château dont la féodalité ait jamais effrayé les regards des peuples. Des groupes de soldats rouges, qui plongent leurs regards dans sa morne profondeur du haut des fortifications, rendent ce spectacle encore plus pénible aux yeux et au cœur du voyageur ami de la liberté. C'est à Dumbarton qu'il avait d'abord été question de confiner Napoléon, circonstance qui recule de nous cette forteresse de tout le diamètre d'un monde ; et quand je pensais en courant sur la grève de fer qui sépare le roc où elle est fondée du cours majestueux de la Clyde, que cette rivière était la *Clutha*, cette montagne le *Balclutha* d'Ossian, cette ville ancienne l'*Aldcluitha* de Bede; que c'était là qu'avait régné Carthon et soupiré l'aimable fille de Cathmol; quand ma pensée s'arrêtait sur les monuments d'une époque plus voisine, sur le rocher de la surprise de Ruthwen et sur la tour triomphale de Wallace; quand j'embrassais d'un coup-d'œil les vestiges du passage de tant de siècles, et que je voyais s'ouvrir devant moi l'empire poétique des Bardes Calédoniens dont *Balclutha* est l'Ilion, j'aurais eu peine à me défendre de quelque retour de mon enthousiasme de vingt ans. Tout rappelle à Dunbarton la fière indépendance d'un peuple primitif, le choix d'une position inaccessible comme ont dû l'affecter des tribus guerrières, et les formes mystérieuses d'une religion mélancolique. Faujas de Saint-Fond écrit (*Voyage en Angleterre et en Écosse*, p. 62, t. 1) : « Je ne sais pourquoi M. Pen-« nant en parlant de ce rocher dit « qu'il est d'une hauteur étonnante. « J'ai trouvé qu'il a tout au plus deux « cent cinquante pieds. » Je crois connaître à merveille la raison de cette différence. Elle est marquée de toute la distance qu'il y a entre un homme sensible et un simple académicien. Pennant ne faisait qu'obéir à une impression, et Faujas a mesuré.

Je me suis éloigné, non sans tourner souvent les yeux sur *Bal-clutha*, car ce n'était plus Dunbarton, et j'évoquais encore le souvenir des anciens guerriers et des anciens poëtes quand une colonne élevée sur ma gauche m'a indiqué la place d'un tombeau. Je me suis approché, j'ai lu, et j'ai jeté avec respect quelques fleurs sauvages, que je venais de dérober à l'ancienne demeure des Bardes, sur la pierre consacrée à la mémoire d'un de leurs héritiers. Ce monument était celui de Smolett.

XIX.

LOCH-LOMOND.

Le premier point remarquable que m'indiquait mon itinéraire était *Dun-Fion* ou la montagne de Fingal, qui conserve quelques vestiges d'un ancien campement de ce héros. Plus loin s'étend *Rushy-Dale* ou la Vallée des Roseaux, célèbre par la sanglante mêlée des Colquhouns et des Macgregors, vers le commencement du dix-septième siècle. Le lac Lomond commençait à se découvrir à ma droite et décorait un horizon immense de l'incroyable variété de ses aspects. Qu'on n'attende pas de moi l'impossible effort de le peindre. Qui pourrait faire passer avec une encre froide, avec des mots stériles, dans l'esprit et le cœur des autres, des émotions dont on s'étonne soi-même, et qu'on ne se croyait plus la force d'éprouver! Qui pourrait décrire cette méditerranée des montagnes, chargée d'îles toutes variées dans leurs formes et dans leur caractère, les unes graves, majestueuses, couvertes de noirs ombrages qui se confondent avec la couleur des eaux, car les lacs de Calédonie sont toujours les lacs noirs d'Ossian ; les autres plus tristes, plus austères encore, dressant çà et là sur leur surface quelques rochers dépouillés à peine frappés de tons bizarres par les reflets de la lumière ou quelques touffes de fleurs saxatiles ; le plus grand nombre déployant de frais rivages, des bocages ravissants, des bouquets de futaies élevées, placés comme de grandes masses d'ombres sur le vert soyeux de la pelouse : jardin délicieux où l'ame se transporte avec ravissement, et dont l'éloquente beauté parle au cœur de tous les hommes ! j'ai vu un paysan immobile devant le lac, les yeux fixes, l'esprit absorbé à ce qu'il paraissait dans une méditation profonde. Je me suis approché de lui. Je l'ai détourné de sa contemplation. Il m'a regardé un moment, et m'a dit en soupirant et en élevant les mains vers le ciel : *Fine country* (superbe pays) !

Le lac Lomond peut être regardé en élégance, en grandeur, en variété de sites et d'effets, dit l'excellent itinéraire de Chapmann, comme le plus intéressant et le plus magnifique de la Grande-Bretagne. Je le regarde, moi qui ai parcouru beaucoup de pays, comme un des spectacles les plus intéressants et les plus magnifiques de la nature, et je me flatte de faire adopter cette appréciation au lecteur le moins sensible à ce genre de beautés, sans me servir d'aucun des prestiges de l'hyperbole. Qu'il se représente un lac sur lequel on compte trente-deux îles dont un grand nombre ont plusieurs milles de longueur, et qui a son horizon borné de tous côtés par une chaîne de montagnes dont quelques-unes ont plus de cinq cents toises d'élévation. Qu'il joigne à cette simple donnée topographique l'effet d'une végétation variée, mais toujours charmante ou sublime, celui des accidents du jour et de l'ombre dans les circuits de ces gorges profondes où le soleil paraît et disparaît à tout moment, en passant derrière les montagnes qui les embrassent ; les apparences bizarres des vapeurs qui pendent à leurs sommets, dans ce pays qui a consacré, si l'on peut parler ainsi, la mythologie des nuages ; les bruits singuliers des échos qui se renvoient à des distances infinies la moindre rumeur du moindre flot, et qui finissent par vous apporter je ne sais quel frémissement harmonieux, comme celui qui expire dans la dernière vibration d'une corde de harpe ; la tradition des premiers temps, et avec elle les noms d'Ossian, de Fingal, d'Oscar, qui sont parvenus avec la mémoire de leurs faits et de leurs chants à tous les habitants de ces rivages presque aussi vivement que ceux des héros d'une époque plus rapprochée, et de ce Rob-Roy lui-même par lequel le Calédonien, ému d'une forte surprise ou d'un profond sujet de crainte, jure encore aujourd'hui comme les Latins juraient par Hercule. Enfin, je n'ai pas compté, dans cette énumération, trois merveilles du lac Lomond, que les bateliers n'oublient jamais de faire remarquer : les îles flottantes, les vagues sans vent, et le poisson sans nageoires. Ce poisson fort commun, dont on mange quelquefois dans le pays, et que des voyageurs ont pris pour une vipère, est une couleuvre très-innocente, le *coluber natrix*, si je ne me trompe.

Les anciens donnaient au lac Lomond le joli nom de *Lyncalidor*, formé du gallique *llyn-celydd-dur* (eaux des montagnes ombragées). Son nom de Lomond lui vient de la plus haute et de la plus singulière de ses montagnes, le Ben-Lomond, remarquable par le cône entièrement nu qui le couronne. *Llwmonwy* signifie *la montagne chauve*. Sir Walter Scott a été heureusement inspiré par ces paysages délicieux, mais qnel poëte n'aurait pas été inspiré par le *Lyncalidor*, et quel site pittoresque n'aurait pas inspiré le brillant Ossian de l'Ecosse moderne?

Il n'y a qu'une telle nature qui puisse donner naissance à une telle poésie.

XX.

LUSS.

Les voyageurs s'arrêtent ordinairement à Luss, qui est le *Lutha* d'Ossian, et à peu près la moitié du chemin de Glasgow à Inverary. De là on peut visiter les îles du lac, et c'est le but le plus commun des voyages de plaisir du nord de l'Angleterre. J'y ai dîné dans une chambre où les curieux qu'attire cette admirable contrée manquent rarement d'écrire leurs noms sur les murailles et les boiseries. Je n'y ai trouvé qu'un seul nom français, et c'était le mien. Il y a quinze ans qu'une pareille circonstance m'aurait fait faire de doux rêves. Quel ami a pu s'occuper de moi dans les montagnes d'Écosse, et pourquoi a-t-il négligé de tracer son nom à côté de mon nom? Je ne saurais dire combien cette idée m'a charmé, combien elle a peuplé ce pays, et Dieu sait s'il en a besoin! La certitude qu'une pensée humaine s'était arrêtée sur moi dans ces déserts ajoutait quelque chose encore aux enchantements de leur silence et de leur solitude. J'ai fait douze milles de là, sans entendre d'autre bruit que le mouvement du lac *aux vagues sans vent*, sans voir d'autre créature vivante qu'un oiseau de la forme d'une bécassine, mais une fois plus petit, qui vole en sifflant sur la grève d'une pierre à une autre, sautille, tourne la tête et disparaît comme un trait. Je me trompe ; j'ai vu une femme de la figure la plus aimable et la plus régulière, un peu pâle seulement. Ses cheveux étaient retroussés sous un de ces chapeaux de paille qui étaient à la mode à Paris quand j'en suis parti, mais que je ne saurais pas nommer. Elle avait une robe écossaise propre et simple, comme toutes les paysannes, les jambes nues, l'œil triste et doux. Quand je suis passé, elle arrachait de mauvaises herbes. Ses deux enfants sont venus auprès d'elle pour lui montrer le voyageur. Je cherchais de l'œil une maison : je n'ai aperçu qu'une hutte, quelques centaines de pierres amassées à peu de frais, pour défendre trois pauvres créatures contre la fureur des vents, le poids de la neige et le froid.

Ce qui m'étonnait surtout, c'était de trouver une route bien entretenue, une route élégante comme les allées du jardin des riches. Elle semble tracée exprès pour offrir à des spectateurs exigeants l'agrément d'un amphithéâtre commode et presque voluptueux à la représentation des scènes les plus solennelles de la nature. J'étais arrivé à cette pente gracieuse et pittoresque, à cette situation charmante et sublime, peut-être unique sur la terre, qu'on appelle la pointe de Firkin, et d'où l'on parcourt d'un coup-d'œil les enceintes multipliées que forment les montagnes autour des golfes nombreux du lac, comme autant d'immenses salons de verdure qui mirent leurs magnifiques décorations dans des parquets de cristal.

XXI.

TARBET.

J'avais manqué de dix jours l'excursion botanique du docteur Hooker, le savant professeur de Glasgow, à qui j'étais recommandé par l'amitié de Bory de Saint-Vincent, et dont l'agréable accueil me laissera un éternel souvenir de reconnaissance. Muni de l'itinéraire qu'il m'avait tracé, et de ses recommandations, je devais m'arrêter à Tarbet, chez le bon Coll Walker. Nulle part le lac Lomond n'étale plus de magnificence ; nulle part le Ben-Lomond qui le domine, et qu'ils appellent LE ROI DES MONTAGNES (*king of hills*), ne paraît plus majestueux. Après avoir suivi pendant vingt milles ces rivages délicieux, on éprouve encore à Tarbet un sentiment d'admiration nouveau. Le sévère Faujas de St.-Fond, dont le cœur de marbre n'a jamais palpité que pour du marbre, a senti lui-même l'effet de cette séduction locale, si bien décrite dans des vers charmants de Russel. « Le « superbe lac Lomond, dit-il (c'est « le naturaliste qui parle et non le « poëte, on pourrait aisément s'y

« tromper), le beau soleil qui dorait
« ses eaux, les roches argentées qui
« bordaient ses rives, les mousses
« verdoyantes et fleuries, les bœufs
« noirs, les moutons blancs, les
« bergers sous les pins..... ne sor-
« tiront plus de ma mémoire, et
« me font desirer de ne pas mourir
« sans revoir Tarbet. Je songerai
« souvent à Tarbet, même au milieu
« de la belle Italie, de ses orangers,
« de ses myrtes, de ses lauriers et
« de ses jasmins. » Moi aussi je desire ne pas mourir sans revoir Tarbet;
mais je rends graces à l'austérité
d'un philosophe de m'avoir épargné
les frais d'un enthousiasme dont
l'expression se renouvelle ici trop

souvent. Ce n'est pas un faible bouclier contre les préventions auxquelles je suis exposé, que l'opinion d'un minéralogiste romantique. Je n'ai pas moins que lui à me louer de ces aimables attentions de l'hospitalité, si rares à trouver dans une auberge, si douces partout dans un désert; car il ne faut pas qu'on se persuade, à l'inspection de quelques cartes, que le Dunbartonshire, par exemple, soit peuplé comme un de nos départements. La plupart des endroits marqués dans les itinéraires ne doivent être considérés que comme des points de repos. Ce sont des masures ordinairement inhabitées, où l'on pénètre sans éveiller d'autre attention que celle des hirondelles qui s'envolent à votre aspect. Quelques-unes même de ces chaumières ont totalement disparu. Il y a plus : Tarbet et Arroqhar, qui sont comme une autre Tyr et une autre Sidon sur ces parages, se réduisent à deux ou trois maisons groupées autour d'une auberge. Aussi s'appellent-elles *Tarbet inn*, *Arroqhar inn*, l'auberge de Tarbet, l'auberge d'Arroqhar; et ce n'est dans le fait pas autre chose, car rien ne peut déterminer un établissement plus considérable et un plus grand développement de population dans un pays également privé des ressources de la culture et de celles de l'industrie, où l'hiver est presque intolérable, l'automne orageux et froid, le printemps inconnu, l'été rare et de deux mois au plus dans les bonnes années. Tout cela n'empêche pas que l'auberge de Tarbet ne soit une des meilleures de l'Europe, et de celles où les soins délicats de la bienveillance et de la politesse se font le moins chèrement payer. J'ai du moins fait bien des milliers de lieues en France, en Allemagne, en Italie, en Angleterre, sans en trouver qui pût lui être préférée, même sur les routes les plus fréquentées et dans les provinces les plus opulentes. La prospérité dont elle jouit, et qui est fondée sur une durée d'exploitation extrêmement bornée, est due au peu de valeur relative des matières premières de consommation et au concours nombreux des voyageurs, c'est-à-dire des Anglais, peuple essentiellement curieux de ses richesses locales, qui les apprécie avec goût, qui les fait valoir avec intelligence, et qui changerait, s'il les possédait, nos sites en élysées, et nos ruines en mines d'or.

XXII.

PRODUCTIONS NATURELLES.

Les parties des comtés d'Argyle et de Dunbarton que je parcourais appartiennent à la division des terrains de mica-schiste de M. Boué dans son *Essai géologique sur l'Écosse*, et c'est de carrières analogues qu'ont dû être tirés les matériaux des maisons resplendissantes d'Édimbourg. Il est question dans l'histoire de la conquête du Mexique d'une petite ville bâtie en pierres si brillantes que les compagnons de Fernand Cortez s'imaginèrent de loin qu'elle était d'argent; mais Fernand Cortez n'avait pas de minéralogistes avec lui, et il serait un peu hasardé d'avancer qu'il entrât du mica-schiste dans sa construction. Quoiqu'il en soit, cette illusion se renouvelle souvent aux bords du lac Lomond, et particulièrement au cap pittoresque de Firkin, remarquable par la nature et la physionomie des rochers qui descendent vers le rivage. Ce sont de grandes masses de schistes onduleux dont les écailles d'un blanc nacré imitent de loin l'écume des eaux agitées par le vent et blanchies par les brisants de la côte. On dirait des vagues surprises et pétrifiées au moment où elles retombent parmi les vagues du lac, et dont l'éternelle immobilité contraste avec la mobilité sans fin de celles qui viennent expirer à leurs pieds. Il résulte des mesures prises par l'exact et savant géologue que j'ai nommé au commencement de ce paragraphe, que le lac Lomond et le lac Kattrine sont les plus profonds de l'Écosse, observation qui peut expliquer l'opacité ténébreuse de leur couleur habituelle. Le premier a six cent pieds de profondeur près de Tarbet où le lecteur m'a laissé, et le second quatre cent quatre-vingt sur presque toute son étendue.

Un des motifs qui m'avaient déterminé à circonscrire ma solitude, c'était le desir de reconnaître avec un peu de soin les productions naturelles des montagnes d'Écosse, préoccupé que j'étais de la persuasion qu'elles devaient être plus caractérisées, et, s'il est permis de s'exprimer ainsi, plus spécialement locales qu'elles ne le sont en effet. La géologie seule a ce caractère distinctif que j'aurais voulu trouver dans les autres catégories, et c'est précisément celle que j'entends le moins. Quant aux plantes, j'étais dirigé par l'excellente *Flora Scotica* de l'aimable et profond docteur Hooker, je l'étais par ses conseils, je l'étais enfin par l'admirable instinct de son guide ordinaire, vieillard vif, agile, ingénieux, pénétrant, comme le sont généralement ces montagnards, et qui ne manquait nulle part de retrouver la plante curieuse qui avait excité dans le savant professeur un sentiment de simple plaisir, de surprise, d'enthousiasme ou de ravissement, et de figurer sa sensation par des exclamations ou par des gestes qui ne m'ont pas trompé une fois sur l'importance de ma découverte. Enfin je me contentais de recueillir les espèces qui me frappaient le plus par la nouveauté de leur aspect; heureux d'en ajouter quelques-unes au riche envoi dont M. Hooker m'avait chargé pour Bory de Saint-Vincent, et certain de trouver auprès de celui-ci des notions claires et brillantes qui prolongeraient long-temps le charme de mes explorations et le plaisir de mon voyage. C'est presque sous ses yeux que j'écris ces pages où rien ne m'est absolument propre que l'avantage d'avoir vu par moi-même en courant, dans une contrée peu connue, ce que je ne pouvais décrire que d'après les autres.

On se persuade mal à propos, quand on n'a pas l'habitude de ce genre d'investigation, que les climats très-opposés diffèrent essentiellement dans toutes leurs productions végétales. Les hautes montagnes des pays chauds présentent souvent à l'observateur les mêmes plantes que les pays les plus septentrionaux du globe. Le voyageur qui vient de recueillir à leur base l'épais veloutier couleur d'argent, la laiteuse scévole, le manguier dont les rameaux plongés dans la mer par leur extrémité s'y chargent d'huîtres groupées comme les baies du pampre, s'étonne de changer de zone à mesure qu'il s'élève au-dessus du niveau de l'Océan, et de voir se succéder les plantes plus humbles qui naissent sous l'équateur, et même les plantes austères de l'Écosse ou de la Laponie. Ainsi sur les flancs sauvages du Cobler et du Ben-Lomond, Bory aurait retrouvé avec moi les tubercules de pourpre du *bœomyce corallifère* que nous avions vus briller dans les landes de l'Europe méridionale, et qu'il avait recueillis jusque sur les plateaux élevés de l'île Bourbon. Qu'on s'imagine la coupe en cône allongé où pétille le vin de Champagne, réduite aux proportions d'une miniature élégante, élevée de quelques lignes au-dessus du tapis des mousses vulgaires, et couronnant sa fraîche verdure d'un petit diadème de rubis, on se formera ry de S.t Vincent del. Forestier sc.

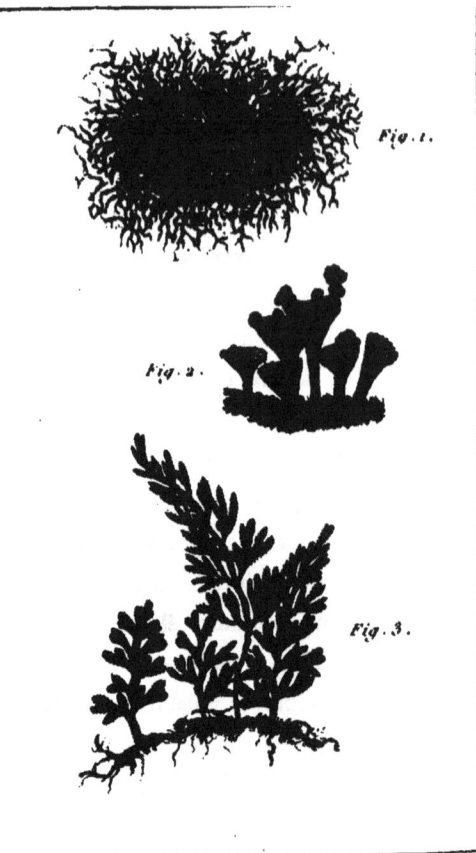

Fig. 1. BORRÈRE DORÉE.
Fig. 2. BŒMICE CORALLIFÈRE.
Fig. 3. TRICHOMANE de TONBRIDGE.

quelque image de cet ornement des solitudes alpines. Comme je ne connais point de figure coloriée qui en donne une idée exacte, ce qui est loin de prouver qu'il n'en existe pas, j'ai cru devoir révéler aux dames qui herborisent dans les environs de Paris l'existence de ce charmant lichenoïde sur quelques points des côtes âpres de Fontainebleau et de Montmorency, en leur présentant un échantillon du *bœomice coralli-fere* du Ben-Lomond (1). Il leur prouvera que la cryptogamie a aussi son luxe et ses bijoux, et que la

---

(1) Voyez la figure 2, pl. I.

nature, qui a prodigué tous les trésors de son écrin sur les insectes les plus méprisés, n'a pas traité les mousses avec plus de parcimonie que les scarabées et les chenilles.

Des touffes arrondies, d'un vert brunâtre, m'annonçaient plus loin l'*hymenophylle* de *Townbridge* (1), d'abord découverte en Angleterre, observée depuis sur différents points de nos montagnes où elle est extrêmement rare, et retrouvée depuis par Bory dans cette île Bourbon qui a été pour lui si fertile en découvertes. Elle est remarquable par un aspect parti-

---

(1) Voyez la figure 3, pl. L.

culier qui rend compte de son nom grec. Ses frondes transparentes n'ont rien de la verdure compacte et de la consistance succulente des végétaux; ce sont en effet des *feuilles membraneuses* qui affectent plutôt l'apparence de certains tissus soyeux; car la Providence qui, suivant les termes de l'Écriture, a revêtu le lis d'une robe plus éclatante que celle des rois, n'a refusé ni la soie ni le corail aux derniers de ses sujets.

Une autre espèce de cryptogame très-digne d'attention est la *borrère dorée* (1), que M. Lichtfoot, auteur

---

(1) Voyez la figure 1, pl. I.

d'une Flore d'Écosse, et prédécesseur du docteur Hooker avait déjà trouvée au Ben-Lomond, mais qu'il avait prise mal à propos pour une plante connue en la rapportant au *lichen vulpin* de Linné. Nous ne l'avons jamais rencontrée, ni Bory ni moi, en état de fructification, quoique nos yeux aient été souvent attirés, en différents pays, par ses coussinets élégants entremêlés de filaments de la plus belle couleur jaune, qui coupent d'une opposition singulière et piquante le ton sombre et le fond monotone des schistes, des gneiss et des basaltes.

La cryptogamie fait presque tous les frais de la parure des montagnes à une certaine hauteur. Sur la multitude des mousses qui leur tient lieu des pointes courtes et déliées du gazon, rampe ce *lycopode* dont le pollen est plus connu pour fournir des éclairs à l'Opéra, que pour donner un asyle à quelques jolis *mycétophages* recherchés de l'entomologiste. Qui croirait que le dernier comme le premier de nos spectacles mît à contribution jusqu'aux plus misérables cryptogames des régions qui se rapprochent du pôle, et que l'un des revenus de l'Europe septentrionale se fondât sur les flambeaux de nos furies et les feux follets de nos revenants ? C'est au mélodrame surtout qu'il est vrai de dire que la lumière vient du Nord : grand sujet de méditation pour les philosophes spéculatifs et pour les économistes politiques !

Comme ce n'est pas ici un journal d'histoire naturelle, il faut bien que je m'excuse encore une fois, auprès du lecteur, de l'insipidité de cette nomenclature obligée, et qu'il me pardonne de ne lui montrer que des mousses dans un pays dont les points élevés ne produisent guère autre chose. Parmi celles que le docteur Hooker y a observées et qu'il mentionne dans son inappréciable livre, j'ai reconnu avec un plaisir extrêmement vif, dont on ne peut donner d'idée aux personnes

Bory de St Vincent del. Forestier sc.

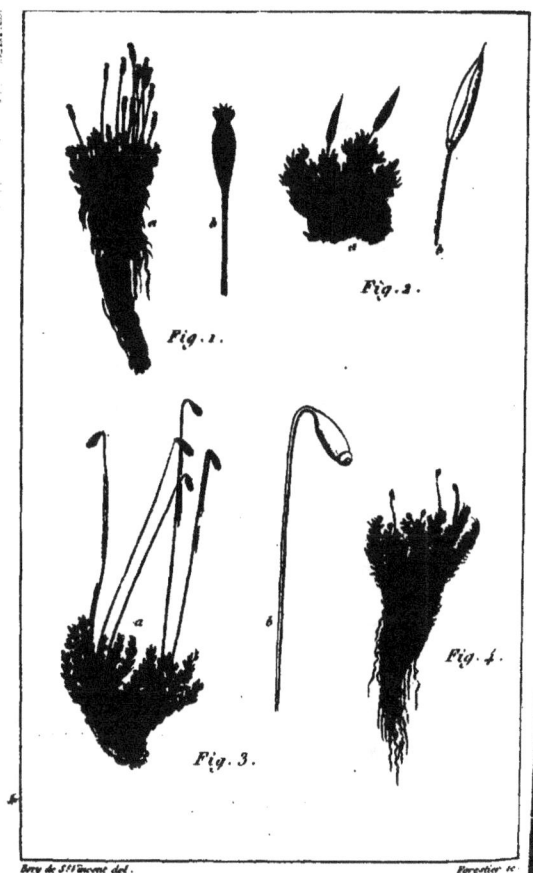

Fig. 1. SPLACHNUM MNIOÏDE.
Fig. 2. ENCALYPTRE STREPTOCARPE.
Fig. 3. BRY TURBINÉ.

qui ne sont point accoutumées à ce genre de recherches, le *bry turbiné* (1), dont les petites urnes sont balancées sur de très-longs péduncules; la *weissie aiguë* (2) qui s'amasse sur des fragments de rochers; le *splachnum mnioïde* (3) chargé de bouteilles si régulières, et l'*encalypte-streptocarpe* (4), dont la coiffe conique rappelle le bonnet pointu de nos gens de loi, ou cet instrument destiné à étouffer la lumière, duquel une philosophie peut-être

---

(1) Voyez la figure 3, pl. II.
(2) Voyez la figure 4, *ibid.*
(3) Voyez la figure 1, *ibid.*
(4) Voyez la figure 2, *ibid.*

plus éclairée que modeste a décoré autrefois notre ignorance (1).

Les landes froides et nues de l'Écosse sont comme celles du reste des pays septentrionaux, couvertes par le *lichen des rennes*; mais la nature qui a prodigué dans ces contrées la pâture du précieux domestique des Lapons, n'y a point placé l'animal qui s'en nourrit. Nul grand quadrupède n'anime de sa présence les solitudes de la Calédonie, si ce n'est quelques bêtes fauves fugitives qui doivent même être assez rares. A peine un miaulement féroce indique

---

(1) On a long-temps confondu cette mousse avec le *bry éteignoir*. (*Bryum extinctorium.* L.)

de temps en temps le chat-pard, que toutefois je n'ai pas entendu ; et parmi les oiseaux, à peine un long sifflement, ou un clappement court et répété comme le cri strident de l'oie sauvage, indique la retraite du *ptarmigan*, espèce de gelinotte ou de *tétras*, fameuse parmi les montagnards, et qui vit au-dessus du domaine humide du héron et au-dessous de celui de l'aigle, dans la verdure basse, sombre, sévère, des a. ustes herbacés ou des herbes arborescentes de la montagne, au milieu des *myrtils* aux baies noires et douces que j'ai si souvent dépouillées de leurs globules de jais dans les forêts de pins de la Carniole et de la Croatie; de l'*oxycoccos* dont la cerise éclatante appelle de loin le coq de bruyère; de la *daboëcie*, dont les fleurs purpurines pendent en grelots à sa tige. L'*andromède*, liée au rocher comme la vierge dont elle a reçu son nom, l'*airelle* et quelques bruyères dominent sur la triste *pyrole* aux quatre feuilles, et sur le petit genêt anglais dont les frêles rameaux, armés d'aiguillons recourbés, accrochent et retiennent les flocons de la laine d'un mouton errant et libre, et confient en échange à sa toison les dépouilles de leurs fleurs d'or.

Mes recherches entomologiques ont été infiniment moins fructueuses que je ne me l'étais promis. Quoique nous fussions parvenus au commencement de juillet, époque assez avancée de la saison même pour l'Écosse, et que le temps fût aussi favorable qu'on pouvait le desirer, peu d'insectes encore s'étaient confiés aux douces promesses de la température; ou plutôt la constitution de cette humide et froide atmosphère ne permet jamais qu'à un très-petit nombre d'espèces de subir leurs métamorphoses et d'arriver au dernier terme de leurs développements. L'attention la plus scrupuleuse et l'habitude la plus exercée ne m'ont fait observer dans les montagnes d'Écosse, que deux ou trois espèces de teignes et de pyrales assez vulgaires, et une dixaine de coléoptères frileux, qui se tenaient cachés sous les pierres ou enveloppés des couches épaisses des sphaignes, comme d'un vêtement d'hiver. Encore appartenaient-ils presque tous à la famille des *carabiques*, que je soupçonne devoir être fort riche dans ce pays rarement exploré, puisqu'il m'a offert, entre autres espèces très-rares, quatre espèces entièrement nouvelles, dont l'une que je dois à la bienveillance du docteur Hooker, et que je me suis fait un agréable devoir de lui dédier (1).

---

(1) Carabus Hookeri. *Affinis certe C. Au-*

Je me hâte de sortir de ces détails, dont je me suis occupé moins long-temps sur le Ben-Lomond qu'il ne m'en a fallu pour les écrire. Le goût le plus vif pour quelques études spéciales dont on a contracté l'habitude et le besoin, ne balance pas long-temps cependant les plus fortes émotions qu'il ait été donné au cœur de l'homme de connaître ; et comment trouver de la place pour une manie, quand on cède à la puissance d'un sentiment qui contient tous les sentiments à-la-fois ? Il n'y

---

ronitenti, sed duplo minor. Apterus, elytris sulcatis viridibus, lineis elevatis externis apice tricrenatis. N.

a pas là une faculté de l'ame qui ne soit occupée, pas une qui ne s'agrandisse, qui ne reçoive la révélation assurée de tout ce qui lui reste de forces. Il faudrait renoncer à un homme que le hasard placerait tout seul au sommet d'une haute montagne entre le ciel et les abymes, et qui ne découvrirait pas en soi une ame d'homme. L'air des montagnes est trop généreux pour les organisations communes. Les reptiles n'y vivent plus.

XXIII.

LE BEN-LOMOND.

A mon arrivée à la base du Ben-Lomond, le levant commençait à briller de tout l'éclat du matin. Je laissais le lac Lomond à mes pieds, et je m'élevais au milieu d'une longue ceinture de montagnes diversement éclairées. A l'ouest et à peu de distance se dessinait fortement sur le fond gris de l'horizon la silhouette grotesque du *Cobler*, ainsi nommé peut-être parce que les deux rochers qui le surmontent figurent imparfaitement un homme recourbé à demi appuyé sur un socle. *Cobler* signifie *savetier*, et cette allusion est tout-à-fait dans l'esprit d'un peuple qui figure toutes ses idées et qui peint tous les objets naturels par des comparaisons et par des images. Le *Cobler* s'appelle aussi le *Ben-Arthur*, nom d'un géant des temps fabuleux qui aimait probablement à se reposer au sommet des montagnes sur un trône de basalte. Nous avons déja remarqué un de ces bizarres monuments naturels dans les environs d'Édimbourg.

A mesure que je m'avançais verticalement, l'action du soleil et la direction de l'air donnaient aux brumes du lac une multitude de figures et de positions qui changeaient à tout moment la perspective. Quelquefois la cime seule des montagnes se dégageait des blanches vapeurs du matin, et paraissait flotter comme un vaisseau noir sur tous les nuages de la terre et du ciel. Les rochers hétéroclites du *Cobler* suspendus sur cet océan de brouillards qui venait baigner la surface indéterminée que je parcourais, ressemblaient à deux écueils contre lesquels ces bâtiments égarés étaient près de se briser. Un instant après tout reparaissait.. Les montagnes se dépouillaient jusqu'à la base de leurs langes humides; on voyait les eaux se bercer doucement contre les rivages en roulant sur elles ces légers flocons de vapeurs transparentes qui par leur mollesse et leur couleur imitent la toison des brebis et l'édredon des oiseaux, et que les Calédoniens désignent avec une vérité pittoresque qui n'appartient qu'à eux sous le nom des *blanches plumes du lac.* Bientôt le soleil prend de la force. Ses rayons moins horizontaux frappent le sol qu'ils ne faisaient qu'effleurer. Les ombres se retirent, et les brouillards chassés comme une poussière légère sous les roues de son char, volent si légers et si fugitifs qu'ils n'obcurcissent point les objets rapprochés que vous distinguez toujours comme à travers une gaze transparente. Seulement il arrive un instant où le rideau s'épaissit à une plus grande distance, et puis devenu, comme tout-à-l'heure, vaste, humide, obscur, impénétrable, se ferme de toutes parts autour de la montagne, et enveloppe l'endroit que vous occupez comme les vagues qui menaçaient l'homme sur la dernière cime que n'eût pas envahi le déluge. Un nouveau rayon vient-il à briller ; de nouveau, le rideau se déploie, le ciel s'éclaire, la création sort d'un autre cahos et se régénère sous vos yeux pleine de grandeur et de beauté. Vous revoyez les montagnes, et le lac et le ciel, et vous suivez tout au plus du regard sur quelque sommet éloigné l'apparence fantastique d'un nuage qui se dissout sous la forme d'un géant couché ou d'une grande biche blessée à mort.

L'excursion au Ben-Lomond ne présente aucune espèce de danger aux personnes qui n'ont pas l'imprudence d'en chercher, et de tenter un péril inutile en marchant sur l'étroite crête d'un rocher d'où l'œil mesure un précipice de trois ou quatre cent pieds. Elle offre même très-peu de difficultés; et ce qui la rend plus commode, c'est que la terre est tapissée presque partout d'une sorte de mousse blonde extrêmement épaisse, d'une douce élasticité, et qui n'offense pas plus le pied que les tapis les plus délicats. Le seul chemin très-escarpé de la montagne est celui qui conduit des trois quarts de son élévation à son sommet. Cet étage supérieur qui se distingue de fort loin à sa forme et à sa couleur, et qui ressemble à une autre montagne imposée sur la première est tout-à-fait dépouillé de verdure. C'est à cette particularité que le Ben-Lomond doit, comme je l'ai déja dit, sa dénomination gallique. Quand on est parvenu à la cime, on éprouve un froid très-vif qui ne serait pas non plus sans inconvénient après une marche fatigante, si l'on cessait trop subitement d'entretenir la transpiration par un exercice modéré, et si l'on ne prenait pas la précaution de se mettre à l'abri du courant d'air au pied d'une pyramide grossière que les montagnards ont bâtie en cet endroit et probablement dans cette intention. Lorsqu'on a eu le temps de se remettre du trouble d'une première impression, et qu'on est parvenu à se rendre compte de ce qu'on voit et de ce qu'on éprouve, on se sent transporté tout-à-coup par l'idée qu'on est appelé à jouir d'un des spectacles les plus imposants de la nature; mais je ne crois pas que personne s'avise alors de représenter la scène qui se déploie à ses yeux, avec des mots ou des couleurs : cela est au-dessus des forces de l'homme. On ne voit cependant que des lacs, des îles et des montagnes, la plupart très-inférieurs en hauteur au Ben-Lomond et qui rampent à ses pieds comme un noir troupeau; l'horizon n'a pas une plaine, pas une culture qui révèle la main de l'homme, pas un toit qui annonce son habitation (1).

---

(1) Je parle du jour où j'étais au Ben-

Celles que nous avons remarquées de distance en distance disparaissent sous d'épais massifs d'ombrages, ou se perdent à force de petitesse parmi les détails que la vue ne

---

Lomond. Je voyais assez distinctement le rocher de Dunbarton, les bords de la Clyde et la mer. Je voyais plus distinctement encore beaucoup de lacs, entre autres le lac Kattrine et le lac Monteith; beaucoup de montagnes dont les plus nettes et les plus remarquables étaient le *Ben-Arthur*, le *Ben-Voirlich* et le *Ben-Nevis*. Les *Touristes* ou rédacteurs de relations anglaises assurent qu'on peut voir aussi les mamelles ou pappes du Jura, et jusqu'au château d'Édimbourg et aux côtes d'Irlande. Il est probable que ces sublimes décorations sont réservées à des jours extrêmement purs qui ne doivent pas être communs en Écosse. Ai-je

peut pas saisir. On conçoit facilement tout ce qu'il y a d'agréable pour le voyageur parvenu à un point élevé de nos montagnes du continent, dans la contemplation d'une enceinte qui n'a de bornes que le ciel, et qui étale à ses yeux toutes les richesses de la nature, toutes les merveilles de la civilisation : des campagnes délicieuses, des villes opulentes, des canaux couverts de bâtiments, des collines

---

besoin de faire observer en passant que beaucoup de ces noms galliques ne sont pas étrangers à l'ancienne langue de nos Celtes? Je suis né entre deux montagnes dont l'une s'appelle le Jura et l'autre le Lomond.

couvertes de plantations. Ce que l'on ne conçoit pas sans l'avoir vu, c'est ce qu'il y a de solemnel et de terrible dans l'aspect d'un désert où rien n'existe que des forces de la création; où nulle puissance, nulle volonté n'a modifié les ouvrages de la puissance et de la volonté de Dieu; où toutes les productions de sa main conservent sans altération le sceau qui leur a été imprimé aux premiers jours du monde; où rien n'a changé, absolument rien, depuis le jour où le Seigneur sépara la terre des eaux, plaça les îles sur des lacs, les lacs entre des montagnes, les montagnes dans d'autres îles, et la terre entière comme une île immense au milieu de l'Océan. Ce sentiment ajouté à l'impression matérielle des beautés locales en change entièrement l'effet. On supporte, sans s'en apercevoir, et même avec une sorte de plaisir, la conviction d'une solitude bornée et d'un isolement volontaire; mais quand on a gravi vers le ciel un espace qui peut être évalué à une hauteur perpendiculaire d'un demi-mille; quand on a vu s'allonger de tous côtés le rayon de son horizon jusqu'à ce qu'il se perdît enfin dans une ligne inconnue où se confondent les dernières montagnes et les premiers nuages ; quand on a demandé l'homme à ce vaste désert et que la solitude seule a répondu, l'ame étonnée retombe pour ainsi dire sur elle-même, et sent le besoin de réunir toutes ses forces contre la puissance accablante de la nature. Elle a ici un caractère imposant qui surmonte toutes les lâches mélancolies du cœur, et quand, du milieu de ces solitudes, on se rappelle la société avec ses intérêts, ses amitiés, ses institutions, ses grandeurs, ses renommées, on n'y voit plus qu'une caricature dans l'ordre éternel. Je montrai le lac Kattrine à mon guide, et nous descendîmes rapidement parmi les montagnes, qui relevaient successivement autour de nous leurs vastes coupoles, et qui resserraient à chaque pas que nous faisions vers la base du Ben-Lomond l'espace de plus en plus limité du ciel et de la terre.

XXIV.

TRAJET DU BEN LOMOND
AU LAC KATTRINE.

Comme l'usage n'est pas d'aller directement du Ben-Lomond au lac Kattrine sans repasser à Inversnaïd ou à Tarbet, nous avons été obligés de nous tracer notre chemin nous-mêmes, en coupant le pays à vol d'oiseau à travers des collines d'une âpreté horrible et des gorges humides et froides, labourées à tous moments par d'affreux ravins où le pied mal affermi sur un sol noir et mobile, tout composé de débris végétaux, s'emprisonne chaque fois qu'il est nécessaire de l'appuyer fortement, dans une terre élastique qui conserve long-temps son empreinte. Ces tristes campagnes n'entretiennent qu'une végétation sombre et monotone, interrompue de distance en distance par de larges crevasses d'où jaillissent quelques filets d'une eau peu limpide, qui coulent lentement dans un lit de quelques toises de longueur sur un fond de pierre rougeâtre, et vont se reperdre dans un autre trou, d'où ils continuent au loin leur course souterraine. C'est sur le bord de ce ruisseau que nous avons pris le repas du soir, repas fort simple comme on peut le penser. C'est aux dépens de ses nymphes que nous nous sommes désaltérés, non sans mêler notre breuvage de quelques gouttes de cette eau-de-vie d'avoine que les habitants appellent du *wiskey*, et qui a l'avantage de donner aux eaux les plus suspectes une saveur assez agréable et une qualité salubre. Jamais je ne m'étais trouvé en Europe dans une contrée plus bouleversée, et qui portât une empreinte plus visible de quelque grande catastrophe naturelle. Mon guide m'a fait entendre à sa manière que toute cette partie des rives du lac Lomond avait été tourmentée par de fréquents tremblements de terre, dont le dernier est assez récent. Pressé de me rapprocher de mon but, pressé peut-être de me dérober aux sinistres aspects de ces déserts sans nom, j'ai profité des longues clartés du jour crépusculaire pour parcourir le plus grand espace possible, avant que les ténèbres fussent tout-à-fait descendues, et j'ai marché ou plutôt j'ai fui aux cris d'un grand oiseau blanc, dont j'avais probablement troublé la couvée solitaire, et qui m'a poursuivi pendant cinq ou six milles de ses vagissements effrayants, semblables à ceux d'un enfant malade. Enfin un site plus doux, une gorge plus ouverte, un sol agreste mais pur, enchanté par le murmure des faibles brises et par celui des bouleaux, mais surtout le prestige ravissant quoique trompeur peut-être de la cosmographie ossianique m'a retenu au bord du lac et parmi les bruyères de Cona. J'y ai passé enveloppé de mon manteau, coiffé de mon tartan écossais, les deux ou trois heures d'une nuit peuplée de poétiques chimères. Au point du jour je suis sorti de ces montagnes, et une pente fort rapide, mais plus facile, et favorisée surtout d'une perspective plus agréable que le chemin que j'avais parcouru dans ma laborieuse veillée, m'a conduit au lac Kattrine, le plus mélancolique et le plus inspirateur des lacs de l'Écosse. Les charmantes descriptions d'un poëme délicieux de sir Walter Scott, *la Dame du Lac*, ont été prises sur ses bords.

XXV.

LE LAC KATTRINE.

La batelière du lac Kattrine, en y arrivant du côté d'Inversnaïd, est connue des voyageurs. Elle était dans un petit champ quand nous sommes arrivés, mais elle a volé au devant de nous jusqu'à sa baraque de pierre, pour nous offrir quand nous entrerions du lait délicieux et des galettes d'avoine d'une pâte azime, sèche, pâle, friable, qui a l'aspect d'une terre blanchie par le soleil, qui en a peut-être le goût, mais à laquelle on s'accoutume facilement, surtout quand on a faim. Il est à remarquer d'ailleurs que la nourriture naturelle du peuple est partout l'aliment le plus sain, et celui dont on se fatigue le moins. Pendant que je savourais le lait de Calédonie au bord du *lac froid des rochers ténébreux* (c'est ce que veut dire son nom gallique, *Loch-keïd-iurrin*), je considérais, avec un étonnement qui se renouvelle tous les jours, les habits de la fille des vagues et des montagnes. Qu'on me pardonne ce pathos romantique dans un pays où il est à-peu-près indigène. Dans le fait, rien ne m'a plus surpris chez les peuples à demi-civilisés que le raffinement très-anticipé de leurs modes et de leurs manières. Je crois que le ciel a placé particulièrement l'amour de la toilette dans l'esprit des femmes, pour rendre moins sensibles les transitions de l'état primitif à l'état que nous appelons perfectionné. Ce sont elles partout qui se nourrissent les premières du fruit de l'arbre de la science, et qui apprennent à l'homme à cacher la honte de sa nudité qui n'est devenue coupable que depuis qu'elle a cessé d'être naïve et conforme à sa nature. Tous les voyageurs savent comme moi que c'est dans les pays les moins fréquentés et les moins susceptibles de l'être, qu'on trouve chez les femmes les plus singuliers raffinements de parure. L'ambition et la coquetterie ont encore plus d'intensité chez les sauvages que chez nous, et si elles n'y sont pas plus essentiellement actives, elles y sont du moins plus découvertes et plus ingénues. Rien de particulier toutefois dans le costume des Calédoniennes, et c'est précisément à cela qu'on ne s'attendrait pas. Il y a des traditions de modes qui courent de femme en femme avec la rapidité de l'étincelle électrique. Seulement toutes ces imitations sont dans les excès, et il est impossible que cela soit autrement. Un goût sûr est le sûr indice d'un perfectionnement achevé. L'ignorance et la maladresse se trahissent à la caricature. Les jeunes femmes des montagnes d'Écosse sont généralement d'une propreté fort remarquable quand on les compare à nos paysannes. Il y a du charme dans l'arrangement de leurs cheveux, de l'abandon et de la grace dans le port de leur tête. Leur jupon court d'une couleur ordinairement foncée relève la blancheur de leurs jambes admirablement conformées, quoique larges et vigoureuses. Elles ont la beauté de la force, mais quelque chose étonne et blesse l'imagination dans leur toilette, dont l'aspect rappelle trop de certains négligés et de certaines graces infiniment moins innocentes. Quand j'ai vu les filles Morlaques, j'ai trouvé qu'elles ressemblaient singulièrement avec leur oripeau, leurs jetons et leurs lambeaux de toutes les couleurs à des figurantes de l'Opéra de province, vues dans la coulisse. Je n'ose pas dire à quoi la plupart des jeunes Calédoniennes ressemblent, et vraiment elles n'y pensent guère.

La batelière du lac Kattrine s'appelle Mannah. Elle doit avoir vingt ans. Sa figure vive, animée, et très-agréable par l'expression, n'est pas distinguée par le style qui se rapproche beaucoup du type tartare ou caucasien. Son teint bistré par le soleil indique peut-être un mélange ancien du sang des *Zingris* si répandus sur ces parages. Son œil est plein de poésie, mais d'un sentiment fugitif qui change à tout moment, et qui fait de la rapidité des impressions qu'il communique une sorte de dérision. Elle se réjouit, elle s'étonne, elle s'afflige, elle s'endort. Elle se jette dans l'eau pour mettre une barque à flot, s'élance depuis la grève à dix pieds d'éloignement, et tombe à genoux sur le pont. Elle court de la poupe à la proue, s'assied, fait jouer les rames et chante. Elle est toujours prête à s'égayer, toujours prête à s'attendrir. Si un homme la regarde, elle imprime au bateau un mouvement de longue impulsion, quitte la rame, plonge ses mains dans l'eau, se lave le visage et le cou, roule avec véhémence ses longues tresses de cheveux noirs, autour de son peigne à trois dents, les fait retomber en anneaux pleins de grace, et recommence à ramer et à chanter, en cherchant continuellement à droite et à gauche un écho qui reçoive sa voix et qui lui réponde.

Pendant que le bateau courait, j'avais fait demander à Mannah un chant gallique ancien, et à force de pantomime, de circonlocutions, et d'un mélange d'anglais, de celtique, de slave qui ne ressemblait à rien, mais qui peut ressembler au gallique, si l'on veut, je m'étais fait comprendre d'elle sans y gagner beaucoup. Tout ce que je sais, c'est qu'elle chantait avec un enthousiasme désordonné quelque épisode fort lamentable, probablement tiré d'une ancienne épopée, et auquel sa déclamation outrée et l'harmonie pittoresque de ce dialecte plein d'aspiration et de clappements qui crie et bruit comme les orages, donnait un caractère unique. Avec quel profond mécontentement de moi-même j'ai regretté alors tant d'années perdues dans la dissipation et l'oisiveté, quand une étude de peu de mois aurait suffi pour me procurer en ce moment une des impressions les plus puissantes de la vie. J'aurais entendu un chant gallique dans sa primitive beauté, et je n'ai entendu que des sons qui n'ont apporté aucune idée distincte à mon esprit. Il est possible d'un autre côté que mon ignorance ait ajouté quelque chose au prestige de mes sensations, et que mon imagination ait prêté au récit de Mannah des couleurs plus brillantes que la réalité. D'ailleurs j'avais atteint déja le principal but que je me fusse proposé dans cette recherche, et depuis mon arrivée en Écosse, je ne doutais plus que ce pays n'eût conservé des chants traditionnels du genre héroïque. Il est vrai que l'acquisition de cette idée avait été pour moi aussi nouvelle qu'importante, car j'apportais de France la conviction très-profonde que l'*Ossian* de Macpherson était tout simplement la plus heureuse et la plus magnifique des supercheries littéraires ; et ma misérable vanité elle-même m'intéressait beaucoup à cette erreur que j'avais fait valoir d'une manière assez spécieuse dans une brochure oubliée. Or j'allais partir de Calédonie non moins convaincu que Macpherson a réellement recueilli des poëmes de tradition fort répandus, et que s'il les a quelquefois enrichis dans sa traduction de couleurs vives et brillantes qui lui appartiennent, il en a du moins très-peu changé le caractère. Il n'importe guère en effet que l'Ossian de Macpherson, ou plutôt les nombreux poëmes galliques dont les rhapsodes des montagnes font honneur à ce barde célèbre, par une synthèse ou une aggrégation de personnes qui est d'ailleurs commune à toutes les littératures primitives, et qui a eu lieu également pour Lockman, pour Ésope et pour Homère; il importe fort peu, disais-je, que ce poëte nous soit parvenu dans toute son originalité, ou que le génie d'un poëte moderne se soit approprié ses compositions en les ornant de nouvelles beautés. Ce qui est fort intéressant et fort agréable selon moi, c'est de s'assurer de l'existence positive de cette imposante et austère mythologie, de ces histoires héroïques et guerrières des temps anciens, de ces chants certainement mesurés qui paraissent très-figurés et très-pompeux, et qui se conservent depuis quinze siècles dans la mémoire des hommes. Cette mémoire nominale est même si vive et si précise, qu'on ne concevrait pas ce qui peut la stimuler de génération en génération, s'il n'existait pas de chants traditionnels. Il est surprenant sans doute que ces chants aient traversé une durée si considérable d'années; mais il serait plus surprenant peut-être qu'ils se fussent perdus chez un peuple épris de ses souvenirs, qui les rattache à tous les objets, à tous les événements, à toutes les scènes naturelles, et dans une langue qui a le privilège si rare parmi les langues connues de subsister depuis un temps immémorial sans modifications. On ne fait presque pas un mille dans les montagnes d'Écosse sans trouver une des salles d'Ossian, une des grottes de Fingal, la trace de leur passage ou la place de leurs tombeaux. Enfin le vague même qui enveloppe le berceau de cette littérature extraordinaire ajoute encore au charme de ses effets. Je ne sais pas si tout le monde éprouverait la même chose, mais je n'ai jamais senti plus profondément la puissance religieuse des noms poétiques que sous les sapins de Balva, ou à l'aspect du point encore indécis que mon guide me montrait du doigt, du haut des montagnes d'Argyle, en me disant : Voilà Morven !

Je me déroberai encore au danger de tenter une description détaillée du lac Kattrine. Il a exercé des pinceaux trop habiles, des muses trop favorisées, pour que je m'expose à soutenir une comparaison qui effraierait un poëte même. Je me contenterai de noter en passant que le sentiment de mélancolie invincible dont il pénètre le cœur, résulte probablement du contraste de la couleur lugubre de ses eaux et de leur balancement si régulier et si morne, avec la grace et la riante beauté de ses rivages. On croirait voir un Achéron qui arrose un Élysée. Le fond du sol est entièrement couvert d'un gazon sombre fort lustré, et dont le ton général a quelque chose de soyeux; mais ce qui fait le plus bel ornement de cette riche pelouse, c'est une multitude de plantes ou d'arbustes nains du vert le plus clair qui semblent y broder de gracieux compartiments, et dont l'aspect produit la sensation d'un magnifique tapis de velours ciselé, broché d'or, et frappé d'un rayon du soleil.

Ces bords charmants changent tout-à-fait d'aspect vers l'extrémité du lac qui se rapproche du défilé des Trosachs, du côté de Stirling. C'est la région des écueils et des précipices qu'annonce le nom gallique du lac Kattrine. Les vagues noires y meurent au pied de noirs rochers dont certains les dominent de deux cent pieds en ligne perpendiculaire. Quelques-uns ont un caractère si solennel et si effrayant, que le montagnard, étonné d'être timide ne les regarde pas sans horreur, et s'excuse de sa crainte en racontant d'une voix émue des histoires tragiques que le nom de ces masses formidables rappelle suivant l'usage. Mannah m'a fait comprendre qu'il y en avait un qui était la demeure du génie des tempêtes du lac, et qu'on appelait pour cela en anglais, *Rock and Den of the ghost.* Elle racontait que non loin de là il y avait eu du temps de son aïeul une bande sauvage et implacable qui massacrait impitoyablement les voyageurs, et qui se répandait de temps à autre parmi les vallées, enlevant tous les troupeaux, incendiant toutes les habitations et désolant toutes les campagnes. Les grottes qui lui servaient d'asile s'appellent encore aujourd'hui *le repaire des hommes feroces*. Des haines fomentées à dessein ou entretenues par quelques superstitions nationales font toujours honneur de ces atrocités, d'ailleurs presque inouies chez les Écossais, à leurs voisins de la mer et du continent. Les *southrons* ou les *sassenachs* ne sont pas beaucoup mieux vus aujourd'hui dans le Lennox que du temps de Wallace. Un privilége de souvenir y protège toujours les Français, et Mannah me fit comprendre ce sentiment d'une manière aussi ingénieuse que touchante : *gallique* (*gaëlich*), me dit-elle, en appuyant sa main sur mon épaule : *gallique*, ajouta-t-elle, en la reportant sur son cœur. Cette idée d'une parenté primitive expliquée par un nom me toucha jusqu'aux larmes.

Adieu, dis-je, en soupirant, beau lac des rochers ténébreux! adieu, Mannah, qu'il ne tenait qu'à moi d'appeler Moïna, si je n'avais pas voulu être fidèle à la vérité! Quittons les côtes imposantes du Perth-Shire où errent maintenant mes amis, peut-être à quelques milles de moi. Jetons un dernier adieu vers la vallée profonde de Glentivar, un dernier regard vers ces contrées poétiques qui rappelleront à la dernière postérité le souvenir enchanteur d'Hélène Douglas; et tourne la proue de ton léger bateau du côté des montagnes et des lacs de Lennox. Mannah, je vous en demande pardon, je suis déja impatient d'aller chercher d'autres noms et d'autres sentiments sur des rivages dont l'écho n'a jamais répété le bruit cadencé de vos rames.

La journée s'avançait. J'ai marché long-temps avant de me retrouver dans la vallée silencieuse de Cona, *Cona's silent vale*. Le ciel était calme et pur, les ombres d'Oscar et de Malvina étaient absentes, et on distinguait à peine *the roaring stream*, le sourd mugissement des eaux du lac.

XXVI.

LES GYPSIES.

Les nuits des montagnes d'Écosse ont un caractère particulier de solennité que j'avais cru deviner, mais qu'on ne peut apprécier tout-à-fait quand on n'a pas joui par soi-même de leur solitude et de leur silence. Depuis que le soleil s'était abaissé à l'horizon des vallées, presque tous les bruits qui annoncent la vie avaient cessé. Le dernier oiseau que j'avais vu était un héron qui se laissait tomber sur une île du lac; après cela, je n'avais recueilli d'autre son que le frôlement d'une brise fraîche qui se glissait dans les longues herbes du rivage. Seulement vers minuit j'entendis crier les branches d'un pin sous le poids d'un animal puissant, et des ailes vigoureuses battirent le feuillage et les airs. C'était un grand duc qui traversait le ciel, tenant dans son bec un serpent qui roulait ses vastes anneaux autour des serres robustes de son ennemi, et qui les frappait de sa queue comme d'un fléau. Le désert était visible, et cette immensité de terre et d'eau sur laquelle dormait la lumière polaire, mais où il ne restait d'ailleurs ni mouvement ni vie, me parut plus austère que l'obscurité elle-même. Je m'enfonçai à dessein entre de noirs massifs de la forêt dans un sentier peu battu, mais qui révélait cependant le passage de l'homme, et je me sentis subitement saisir d'un mélange de crainte et de curiosité. Qui pouvait avoir pratiqué cette route mystérieuse, si loin de toutes les habitations et de tous les lieux où s'exerce ordinairement l'industrie du peuple? un peu préoccupé de cette inquiétude, je n'écoutais pas sans émotion le retentissement de mes pas, et j'essayais de les répéter exactement pour m'assurer que c'était bien leur bruit que j'avais entendu. De temps en temps il se faisait un mouvement dans le lac comme celui d'une flaque d'eau, et je cherchais à m'expliquer s'il résultait des bonds de quelque grand poisson, ou du battement de la rame d'un pêcheur qui venait jeter ses filets. Après avoir marché pendant deux heures dans la pensée qu'il était difficile et improbable qu'un autre homme respirât près de moi l'air de la montagne, j'aperçus au détour d'un chemin creux une lumière éloignée, et je me dirigeai vers elle avec une certaine impatience, car le froid était devenu très-pénétrant. A mon arrivée auprès du foyer nomade sur lequel craquetaient quelques feuilles de houx, et dont s'exhalait une fumée noire, je vis trois hommes couchés qui soulevaient à peine la tête pour me reconnaître, et quelques femmes accroupies qui tenaient des enfants dans leurs bras. L'une d'elles, après m'avoir un moment regardé avec surprise, tira d'un sac de haillons raccommodé avec des pièces de toutes les couleurs, un petit flacon de verre où il restait quelques gouttes de *wiskey* qu'elle me fit boire en déclamant avec chaleur des phrases que je ne comprenais pas mieux que les chants de Mannah. Enfin, après avoir pris quelque repos et distribué entre ces femmes et ces enfants ce que j'avais de pièces de monnaie, et deux ou trois cents d'épingles dont je m'étais précautionné pour mes insectes, mais qui avaient excité vivement l'envie de mes sauvages hôtesses, je me remis en route au lever du soleil sans avoir obtenu des chefs de la tribu un signe d'attention, et fort agréablement surpris de leur indifférence. Comme je marchais depuis dix minutes en réfléchissant à cet épisode de mon voyage, et aux conséquences qu'il aurait pu avoir, je me retournai vers le sommet de la colline que je venais de quitter, et que commençaient à colorer les vapeurs orangées de l'Orient. Précisément à la pointe du rocher, il y avait un homme immobile appuyé sur l'embranchement d'un long bâton fourchu. Un peu au-dessous de moi, quelques autres de ces aventuriers amarraient un bateau à la côte. J'étais près d'Arroqhar, l'ancien séjour des Macfarlanes, et je sortais d'un bivouac de contrebandiers Bohémiens.

XXVII.

LOCH LONG.

Le lac Long et plusieurs autres lacs de cette partie de l'Ecosse ne sont que de longs golfes extrêmement resserrés que remplissent les eaux de la mer, et qui ne renferment de plantes, de coquillages et d'animaux que ceux qui sont propres à cet élément. Je me suis long-temps promené sur ses bords en examinant à travers l'onde limpide et transparente qui les baigne sur un fond de quelques pieds, aussi distinct à la vue que s'il en était seulement séparé par un cristal très-pur, les innombrables *fucus* qui tapissent la fraîche arêne de son lit, végétation riche et variée en formes et en couleurs qui semble remplacer pour les nymphes des eaux les doux ombrages de la terre. Les plus communs et les plus singuliers de ses habitants sont de petits poissons bleus qui jouent et se poursuivent entre les rameaux flottants des plantes marines, et réfléchissent sur leurs écailles dorsales, frappées du soleil, les nuances d'un azur incomparable; car ce seroit leur faire tort que d'en comparer les brillantes étincelles au feu pâle des saphirs. Il me souvenait, en les admirant dans leur superbe parure, d'un lac des *Contes Arabes*, où l'on en pêchait de tous pareils ; mais je n'en avais jamais vu autre part. J'avoue que je suis fort en peine de savoir avec quelles couleurs les habiles enlumineurs de Bloch auront exprimé celles-là. Je me suis égaré après cela parmi ces vertes collines qu'on appelle les Bowlin-green d'Argyle, cherchant avec peu de succès des insectes sur la terre et des inspirations poétiques dans les nuages, mais heureux jusqu'au délire de retrouver dans mon cœur tout le charme et toute la puissance de ses premières illusions, et d'en pouvoir jouir au bord des lacs de Fingal et à la porte de ses palais; car c'est bien là que Fingal a régné et que fleurit la milice héroïque des demi-dieux d'Ossian. Ces idées m'absorbaient tellement que je sentais un secret plaisir à m'éloigner de la demeure de l'homme, et à me détourner des chemins qu'il a tracés, pour éviter des distractions triviales, et me soustraire aux habitudes de la vie prosaïque du vulgaire. Je pouvais croire du moins parmi ces rochers austères, au bord de ces précipices dont l'aspect glace le sang, dans ces tristes solitudes où rien n'appelle le voyageur, je pouvais, dis-je, m'imaginer que nulle voix n'y avait retenti que la mienne, depuis que les chants de Selma ont cessé. Ce n'est qu'à la jonction du lac Long et du lac Goyle que j'ai repris la route qui devait me conduire sur les bords de ce dernier, jusque vers ceux du lac Fine, dont la seule largeur me séparait d'Inverary; mais que m'importait Inverary et son château gothique, ses pêcheurs et ses bateliers? Il y a plus : non seulement je craignais de descendre de mes sensations, mais j'aurais craint de les échanger contre des sensations du même intérêt et de la même grandeur : je cherchais à les entretenir ; je voyais plus de danger que de plaisir à les multiplier. J'aurais imprimé mon pied sur la grève de tous les lacs de l'Écosse, et sur le sommet de toutes ses montagnes, sans rien ajouter à l'immensité de mes souvenirs, et je me serois exposé peut-être pour tout résultat, à surcharger ma mémoire ou à blaser mon cœur. J'étais comme un homme qui assiste à un spectacle séduisant, et qui s'éloigne avant que la toile soit baissée, pour ne pas perdre le prestige de la représentation.

Je choisis parmi les montagnards, de la côte qui s'offrirent à moi, celui dont le costume pittoresque et la physionomie caractérisée me parurent le plus propres à entretenir mes impressions des jours précédens, et je passai dans son bateau du lac Goyle au lac Long, en contemplant les effets miraculeux de la lumière dans la sublime décoration des montagnes qui l'environnent, et dont les masses bleues comme un ciel pur, ou lavées de reflets transparents d'un blanc de perle, ou éclatantes comme l'or poli, embrassent tout l'horizon de la tenture la plus magnifique dont le créateur ait enrichi les scènes de la nature. Parvenu de Portincaple en face de la jolie habitation de Roseneath, je me pourvus d'une embarcation moins frêle, et je remontai pendant huit heures le cours ravissant de cette belle rivière de Clyde, le Scamandre et le Permesse de la mythologie gallique. Un autre notera sur ses rivages le petit port de Gourock, en face d'Hellensbury, et plus loin la charmante ville de Greenok, un des ornements du Renfrew. Quant à moi je n'ai revu que *Balclutha* et son rocher, et je suis arrivé à Robroyston plus accablé du poids de tant d'émotions, que de celui des veilles et de la fatigue.

Robroyston doit son nom et son illustration actuelle à ce chef des Macgregors que le peuple surnommait Robert le Rouge (Rob Roy), à cause de la couleur de ses cheveux, et que les Écossais appellent encore, pour donner une idée de la longueur de ses bras difformes, *celui qui mettait des jarretières sans se baisser*. Robroyston est le Lumloch des anciens historiens. C'est dans ce village célèbre que fut arrêté Wallace, et on y montre toujours les lambris énormes dont ce héros dépouilla les portes et les murailles pour se défendre contre les indignes soldats qui le surprirent dans son sommeil. Aucun homme de la génération actuelle ne peut les soulever. Wallace n'était au reste que le héros de la liberté, et chez un peuple qui se corrompt de jour en jour, sa réputation a déja pâli devant celle d'un contrebandier.

XXVIII.

AYR.

Mon pélerinage à Lumloch m'éloignait à peine de quelques milles de Glasgow. J'y fus rejoint le lendemain par mes amis que je trouvai transportés des souvenirs d'un voyage encore plus précipité, mais beaucoup plus étendu et plus varié que le mien. Pendant que je me dirigeais vers ces côtes de l'ouest, objet trop exclusif de ma curiosité, ils s'embarquaient sur le golfe de Forth, traversaient Inverkeiting, visitaient les rives historiques du lac Leven, et son île dont le château solitaire a recélé l'injuste captivité de Marie Stuart. Ils s'arrêtaient à Perth, si célèbre dans l'histoire d'Écosse, frémissaient à Scoone devant le château de Macbeth, avant de reconnaître plus loin les forêts errantes de Birnam, et saluaient en passant le tombeau d'Ossian, ou plutôt le monument d'un culte oublié que la poésie a décoré de ce nom. De Dunkeld et de Blair-Athol, ils allaient admirer les *Falls* ou chutes du Bruaar, dont le nom pittoresque lui-même rappelle le rugissement des cascades. Ils voyaient se développer sous leurs yeux la chaîne des Grampians, laissaient derrière eux les murailles de Killin et le donjon de Taymouth, erraient en dessinant sur les bords riches et variés du lac Tay et du lac Earn ; cherchaient dans la vallée de Balquidar le lieu de la naissance de Mac Grégor, et dans les âpres défilés des Trosachs la route du Chevalier de Snowdon ; et ne reprenaient la trace de mon modeste itinéraire qu'au bord du lac Kattrine, où je l'avais terminé (1).

---

(1) Les excellents mémoires que M. Taylor

Notre réunion à peine effectuée, nous nous remîmes en route à travers le comté d'Ayr que nous parcourûmes très-rapidement, quoique cette province ne soit pas une des moins curieuses et des moins pittoresques de l'Écosse; mais parce qu'il nous était réservé d'y éprouver quelques-unes de ces intempéries si fréquentes dans le pays, auxquelles les beaux jours dont nous

---

a bien voulu m'adresser sur cette excursion, étant beaucoup trop développés pour trouver ici leur place, et présentant d'ailleurs un intérêt particulier extrêmement piquant, j'ai sollicité et j'ai obtenu de son amitié l'autorisation de les publier séparément.

venions de jouir, nous permettaient à peine de croire. Confiants dans notre bonne destinée qui, à des froids assez rigoureux près, nous avait épargné presque toutes les traverses d'un long voyage, nous nous étions engagés contre la foi du ciel et l'opinion de nos derniers hôtes à travers d'autres montagnes. Nous étions même arrivés sans inconvénient dans la petite ville de Kilmarnock, où un marché public attirait de tous côtés une quantité incroyable de jolies femmes des environs, remarquables par le contraste, de jour en jour moins nouveau pour nous, de la recherche de leur costume élégant, et de la nudité de leurs pieds qui attaquent hardiment le sable inégal des chemins. L'Ayr-Shire est d'ailleurs le pays de l'Écosse où le peuple nous a paru le plus fidèle au vêtement national et le mieux inspiré dans la manière de le porter. Les hommes, les femmes, les enfants, s'y drapent à l'envi de leurs larges *plaids*, sans aucune règle bien fixe à ce qu'il paraît, mais de manière à charmer l'œil des artistes et à tenter l'émulation des Parisiennes elles-mêmes. C'est à Sanqhar particulièrement que cette remarque m'a frappé. Je crois que le plus habile de nos peintres de genre n'ajusterait jamais des paysans avec plus de grace, même quand il s'abandonnerait tout-à-fait à son imagination. J'ai vu tel groupe qui, pris comme il était, n'aurait pas déparé un tableau de Poussin. Les Écossaises surtout tirent un parti extraordinaire de ce genre de séduction, et la plupart pourraient s'en passer : elles sont charmantes.

Le ciel était depuis le point du jour terne et orageux. La nature paraissait inquiète. Ce joli petit oiseau à tête jaune, comme les fleurs des renoncules et des genêts parmi lesquelles il aime à se plonger, et qu'on appelle dans le pays *hope-clover* (l'espérance de la luzerne), sautillait d'une branche à l'autre avec effroi ; de grands oiseaux de mer égarés se poursuivaient en criant sur les forêts. Toutes les ombres des ayeux trainaient en courant de montagne en montagne leurs vêtements à longs plis, et s'entassaient confusément sur un point du ciel ; troupe immense et pressée, au-dessus de laquelle on distinguait à peine le front sourcilleux de quelques vieillards à la barbe chenue, et le casque aux ailes d'aigle de quelques guerriers. Ce magnifique aréopage des bardes et des héros ne tarda pas à se dissoudre sur nous en pluie froide et pénétrante mêlée de grêle et accompagnée de toutes les rumeurs de l'orage répétées par tous les échos. Quoique nous n'eussions pris aucune précaution contre cet événement, le *désapointement* que nous en ressentions, influa peu sur les impressions que nous venions chercher, et nous traversâmes la paroisse de Macline en nous écriant d'enthousiasme sur les sites pittoresques et sauvages qu'y étalent à chaque instant le cours et les accidents d'une rivière romantique. Au-dessus de ses côtes escarpées et menaçantes dont les paysages les plus délicieux décorent le sommet, l'œil découvre de distance en distance des habitations florissantes ou des ruines majestueuses. Non loin de là s'élèvent les tours de Queensbury, l'Holy-Rood des solitudes; et les débris d'un château de Tibère, qui est moins connu des habitants de la contrée pour étaler de précieux vestiges d'une ancienne habitation romaine, que parce qu'il a servi d'asyle à Wallace; mais il faut avoir parcouru l'Écosse pour se faire une idée de tous les sentiments qui se rattachent au nom de Wallace dans les souvenirs populaires. C'est pour cette nation un de ces personnages héroïques, dont toutes les proportions ne se peignent à la pensée que sur une echelle gigantesque, celle des demi-dieux d'Homère. Tout le monde vous racontera qu'un roi d'Ecosse, visitant ses états cent vingt-cinq ans après la mort de Wallace, et s'informant curieusement des souvenirs de ce héros auprès des hommes très-âgés qui pouvaient les avoir reçus par une tradition immédiate, apprit que la mort avait épargné jusque-là une dame qui l'avait elle-même connu, et qui parlait de lui avec beaucoup de détails. Le roi s'empresse de se rendre au manoir antique et de demander un entretien à la vénérable châtelaine. Voilà qu'elle se rend au-devant du monarque, appuyée sur un bâton blanc, et précédée de cent vingt dames sur deux rangs, toutes vêtues de deuil. C'étaient celles de ses filles, de ses petites-filles et de ses brus jusqu'à la dernière génération sortie de son mariage, qui étaient rentrées après leur veuvage sous les toits paternels. Plusieurs étaient centenaires. Le roi, introduit par ce cortège de siècles dans une des vieilles salles du château, ne consentit à s'asseoir qu'après avoir vu la mère de ces respectables matrones prendre place en face de lui; puis il se reposa dans la chaise vermoulue qu'avait souvent occupée Robert Bruce. La dame, après s'être étendue avec un langage facile et clair sur les nobles qualités de ce prince, et avoir insisté sur sa taille élevée de la hauteur de la tête au-dessus de tout son peuple, comme le Turnus de Virgile, ajouta que le bras de Sir Robert était si puissant qu'il aurait pu défier avec assurance les dix champions les plus valeureux de l'Écosse ; mais sur la question du roi qui lui demanda jusqu'à quel point Sir William Wallace était comparable à son ami, elle répondit que Sir William dépassait Sir Robert de toute la tête, et que dix champions comme Robert Bruce auraient succombé devant Wallace. Il est à remarquer que ce récit qui n'est ni plus ni moins solennel à mon gré que s'il s'agissait d'Hercule, est au moins fondé en vraisemblance sur les exemples prodigieux de longévité que l'Écosse a fournis de tout temps. Les recueils consacrés à ce genre de phénomènes citent deux hommes qui ont pu se connaître, et qui ont embrassé entre eux comme témoins oculaires, l'histoire des événements de trois cents ans. Ainsi dans ce pays merveilleux apparaissent tour-à-tour et à tout moment toutes les espèces de renommées, que l'imagination ou la vérité ont léguées au respect de l'avenir. C'est peu d'avoir fourni une mythologie neuve, extraordinaire, sublime, au génie de l'épopée lyrique, dans les chants immortels du poëte Calédonien, et des noms chevaleresques à la muse magique de l'Arioste ; l'Écosse ne fait pas reposer toute sa gloire sur des traditions qu'une critique sévère assimile trop souvent aux fables. Les personnages mêmes de son histoire positive, dans ses pages les plus sobres d'hyperboles, ont quelque chose de religieux et de grandiose comme la majestueuse figure de Fingal ; de grave et de mystérieux comme les siècles obscurs de Fergus et de Duncan ; d'empreint du surnaturel de la féérie comme les hauts faits d'Argail. Tel est Wallace ; tels sont quelques autres chefs du peuple Écossais, dont il entretient solennellement le souvenir, et dont il révère les vestiges avec une espèce de culte. Quoique les exploits de ces fiers défenseurs de l'indépendance et des institutions de l'Écosse aient fait pâlir souvent la gloire de l'Angleterre, l'Angleterre a la générosité fort bien entendue de respecter dans leur mémoire le courage et la vertu. Personne ne se permettrait dans toute la Grande-Bretagne de qualifier de brigands et de voleurs de grands chemins les fameux capitaines des Highlands. Heureux privilége des conquêtes qui se maintiennent de leur propre force, et qui n'ont pas besoin pour affermir le pouvoir dans une famille de transiger avec les partis aux dépens de l'honneur et de la vérité!

XXIX.

GRETNA-GREEN.

Que le voyageur ne sorte pas de ce village situé à l'extrême frontière de l'Écosse sur la ligne qui la sépare du Cumberland, et à quelques lieues de Dumfries (pauvre Jenny Deans, que la terre te soit légère!); qu'il ne s'éloigne pas, disais-je, sans donner uu regard à cette petite maison blanche, si simple dans sa structure, si insignifiante par le caractère du site et le peu d'importance des souvenirs purement locaux, qui attire cependant un concours si nombreux de visites élégantes, et qui semble le vestibule de ces jardins magiques du poëte où affluaient de toutes parts tous les couples amoureux de la terre. Cette comparaison n'est pas tirée d'aussi loin que beaucoup d'autres, auxquelles m'emporte quelquefois je ne sais quelle liaison d'idées qui pourrait bien n'exister que dans mon imagination. Gretna-green jouit en effet du droit bizarre de servir d'asyle à l'amour clandestin, et de consacrer tous les mariages qu'interdiraient en Angleterre les bienséances sociales, les convenances de famille et l'autorité paternelle. Si deux personnes libres d'autres liens se trouvent d'intelligence, rien n'empêche qu'elles forment celui-là aussitôt qu'elles ont touché la terre promise des amants. Deux *oui*, prononcés librement, suffisent pour réduire au néant toutes les oppositions légales, pour triompher de toutes les résistances, hélas! et de tous les devoirs. Les formalités de ce contrat sont faciles, simples et très-expéditives. C'est un maréchal-ferrant, ou un marchand de tabac du pays, qui remplit les fonctions de l'officier public, à la pretnière réquisition des deux parties, et qui, sans informations, sans cérémonies, sans solennités d'aucune espèce, constate sans témoins, sans greffier, sans autorité, par un écrit sans formule fixe, sans sceau légal et sans orthographe, l'union indissoluble de deux aventuriers dont le *marché* devient alors aussi sacré aux yeux de la loi que si elle en avait prescrit la forme, dicté les expressions et sanctionné le contenu. Cette coutume bizarre, pour ne pas dire extravagante, est sans doute fort répréhensible aux yeux de la morale; mais elle est, comme beaucoup de nos coutumes vicieuses, un hommage à la morale elle-même. Le mariage à Gretna-Green suppose un fond de respect pour les institutions, qui ne se rencontre plus chez les peuples où la force de l'institution religieuse et sociale est usée ; point de vue sous lequel, comme sous beaucoup d'autres, les peuples très-civilisés ressemblent singulièrement aux peuples barbares. Une malheureuse jeune fille qui fait le voyage de Gretna-Green brave la plus sacrée des autorités humaines, celle de son père ; mais elle satisfait au moins, par une fiction qui a son effet, à la plus importante des conventions civiles ; transfuge de sa famille sans l'être tout-à-fait de la société, si elle se dérobe à un joug sévère qui ne souffre point de désobéissance, elle passe du moins sous le joug léger d'une institution complaisante qui donne à la désobéissance même une apparence de légalité ; et je croirais volontiers que le père d'une demoiselle qui a pris cette route, ne peut rien faire de mieux en pareil cas que de ne pas chercher à la gagner de vitesse : heureux encore quand le criminel abandon de l'enfant qui a trompé sa tendresse n'a pas de suites plus funestes pour l'honneur et pour le bonheur de la fugitive !

Je suis parti de Gretna-Green avec une jeune personne charmante, belle comme l'Amour, triste comme la Mélancolie, qui venait de passer quinze jours dans ce village, et qui les avait passés toute seule. On m'a dit qu'elle y avait attendu quelqu'un qui n'était pas venu.

XXX.

DU CUMBERLAND A LONDRES.

A de vastes plaines de tourbe dont la seule embouchure du Solway varie un moment la triste monotonie, succèdent enfin des campagnes plus riantes à mesure qu'on s'approche des vieilles murailles de Carlisle. Cette ville historique n'est remarquable d'ailleurs que par l'antiquité de son château-fort et de sa cathédrale, monument d'un style analogue à celui de la belle basilique de Glasgow, mais auquel un certain nombre de croisées romanes assignent une époque de construction encore plus reculée, et que le ton rouge de ses pierres couleur de brique rend très-différent de physionomie. Je ne dirai rien des ruines féodales dont les montagnes des environs sont couvertes et qui rappellent partout les guerres longues et sanglantes de l'Angleterre et de l'Écosse, ni de ces lacs du Cumberland, si renommés par la richesse de leurs aspects et la variété des scènes poétiques de leurs rivages, ni des vestiges fameux de la grande muraille des Pictes ; ni des frais pâturages du Westmoreland, ni des parcs magnifiques et des chevaux incomparables du York-Shire, ni des paysages délicieux du Lincoln et du Nottingham, ni du luxe éblouissant du Middlesex. Je n'ai guère mis plus de temps à mon retour à parcourir ces différents pays qu'il n'en faudrait pour marquer avec un peu d'exactitude leur position sur la carte, une quarantaine d'heures tout au plus. Ainsi j'ai passé en quelques jours, et presque sans transition qu'un sommeil, d'un des points extrêmes de la civilisation au point le plus opposé, d'un désert à Londres, et des domaines de l'imagination et de la liberté à ceux de l'industrie et de l'argent. J'aurai beau attendre à mon réveil le bruit de la trompe du berger qui interroge en sens divers les échos de ses rochers, ou l'air national que le vieux montagnard module sur sa cornemuse, comme aux jours de sa jeunesse dont il lui rappelle l'énergie et les espérances. Les lacs ne se bercent plus autour de moi. La cime des montagnes est effacée et le brouillard éclairci ne la dévoilera plus. Les nuages ont perdu leur poésie, et les femmes elles-mêmes ne sont presque plus que des femmes. L'antiquité ne plaçait de nymphes qu'au bord des lacs, de dryades qu'au sein des bois, de muses que sur le sommet des collines.

XXXI.

CANTORBERY.

Il arrive ordinairement que les sensations diminuent d'intérêt et de vivacité en se multipliant. Je commençais à éprouver cette lassitude qui résulte d'un long exercice des facultés du cœur et de l'esprit, et je me consolais de laisser derrière moi Cambridge, Salisbury et Windsor, comme d'un motif pour revoir l'Angleterre. J'étais même assez peu disposé à m'arrêter à Cantorbery que je ne connaissais que par les planches des Anglais dont l'exagération toujours flatteuse ne provient cependant que d'une admirable perfection de travail. J'ai vu Cantorbery, et Cantorbery mérite un voyage en Angleterre.

Rien de magnifique, rien de divin comme cette cathédrale. Divin est le mot propre. Dieu est là. Je trouve que le style des architectures porte le sceau des communions. Je ne suis pas intolérant : j'aime à croire que l'esprit de Dieu est partout; mais la pauvreté d'imagination de la réforme fait pitié auprès de ces merveilles qu'elle a du moins su conserver. Il faut lui tenir compte de cet hommage à la piété des temps anciens. Il y a ici une longue tradition de respect pour le culte qu'ils ont abandonné. Ils montrent l'autel où tomba saint Thomas de Cantorbery sous les coups des assassins. C'étaient le même autel, les mêmes marbres, les mêmes pavés. Une pierre usée garde la trace du genou des pélerins.

Ce n'est pas avec des mots, ce serait à peine avec des figures et des couleurs qu'on donnerait quelque idée du sublime effet de cette église de trois âges où éclate tout le génie des trois architectures intermédiaires, la romane ou saxone, la moyenne à cintres brisés, et l'ogive jusqu'à la renaissance. L'esprit de conservation qui règne en Angleterre est porté à un point de scrupule si religieux qu'on ne s'est permis nulle part le moindre sacrifice de détail, même à un effet d'harmonie générale. Tout ce qui a pu se conserver d'un ancien travail a été respectueusement ménagé dans le travail des modernes. Ces gens-là ne renversaient pas des temples pour avoir du plomb. Ils faisaient des colonnes pour des chapiteaux et des édifices pour une porte. Il est étrange, mais il est vrai de dire que le secret de leur société politique tient précisément au même principe. Ce qui la maintiendra, c'est l'art merveilleux avec lequel ils ont identifié les anciennes institutions à l'institution nouvelle. Les peuples ne bâtissent rien à neuf.

Je ne décrirai pas Cantorbery. Je n'ai pas la prétention de promener le lecteur, déja fatigué de me suivre, à travers ces vastes nefs, ces chapelles pleines de graces, ces souterrains, ces tombeaux dont le sentiment accablant se dérobe aux faibles approximations de la parole. Je l'arrêterai tout au plus au tombeau du Prince Noir dont l'image encore imposante, même pour ceux qui aiment à rêver l'idéal des héros, est couchée dans l'attitude de la prière, à côté d'une lourde épée que vous pouvez saisir et soulever si la nature vous en a donné la force. Il résulte de cet essai un effet incroyable que j'aurais peine à exprimer. Vous ne concevez pas comment toute la puissance de votre vie est si faible auprès de la mort, et par quel prodige il s'est fait que la cendre de ce tombeau se jouât d'une arme que vous n'ébranlez pas sans effort. Cependant l'épée du Prince Noir est ici la seule chose qui ait conservé sa forme sans altération. C'est une idée touchante que le cheval de bataille aux funérailles d'un guerrier; mais cette épée de bataille, mobile à côté d'un homme de bronze, immortelle à côté d'un cadavre, et qui restera près de lui pendant tous les siècles comme si elle venait d'échapper à sa main, voilà qui me paraît sublime. Ai-je deviné, mon cher Auguste, l'objet qui vous a le plus frappé à la cathédrale de Cantorbery?

Au-dessus du tombeau du Prince Noir, s'élève l'armure qu'il portait à son dernier fait d'armes, et un autre glaive rongé par le temps. Celui-ci n'a point de fourreau. Il est là, comme dans la main de ce vaillant chevalier, l'emblême d'un courage qui ne s'est jamais reposé.

Tous les environs de l'église conservent des parties de l'ancienne Abbaye et de ses nombreux bâtiments. Ce sont de grandes archivoltes, des groupes de fûts élancés, des frises, des ornements qui restent enclavés dans des murailles plus ou moins modernes. On remarque parmi ces beaux restes une tour admirable de style roman, autour de laquelle courent deux tores énormes du travail le plus riche, et non loin de là un petit escalier dont l'effet est enchanteur. Les environs du temple sont couverts de superbes tapis de verdure, et ombragés de tilleuls magnifiques dont les cimes imposantes complètent l'harmonie de ce grand tableau. L'imagination aime à placer les secrets du sanctuaire à l'abri des forêts, et c'est pour cela qu'elles étaient sacrées chez les anciens. La vue des églises ne porte jamais à l'esprit un sentiment plus profond de recueillement que lorsqu'elles sont entourées d'arbres, et si l'architecture gothique a un caractère plus éminemment religieux, comme on ne saurait en douter, que l'architecture classique, c'est peut-être parce que l'élévation de ses flèches, l'angle aigu de ses ogives qui représente le point d'union de deux branches croisées, le volume et la forme de ses colonnes pressées comme des tiges voisines qui se confondent dans la perspective, la ténébreuse fraîcheur de ses voûtes et le murmure doux de ses échos, rappellent la grandeur et la solitude des bois. Au reste, le tact le plus fin a présidé presque partout à ce genre d'embellissement. On remarque en général que le décorateur inspiré des environs des temples a contrasté d'une manière infiniment ingénieuse les plantations avec les édifices. Les pyramides légères de l'architecture gothique et ses profils anguleux sont presque toujours opposés aux masses cintrées des arbres à larges rameaux qui se couronnent d'une espèce de dôme de feuillage, comme le châtaignier et le tilleul; les minarets pointus de l'Asie ont l'air d'être portés sur les bras horizontaux des cèdres ou de jaillir du front rayonnant des palmiers. Les coupoles de l'architecture grecque et le temple circulaire qu'elles couvrent s'arrondissent au contraire dans des bosquets de pins et de peupliers qui se perdent dans la nue. Les hommes simples qui ont créé ces harmonies ne s'en sont probablement pas rendu compte; mais elles sont très-naturelles, très-bien entendues, et je ne conseillerais pas à l'art de s'en éloigner.

Je ne ferai mention d'un fragment colossal des ruines du monastère de Saint-Augustin, monument d'un bel âge et d'un bon style dont les derniers vestiges paraissent près de périr, que pour regretter qu'on ne s'occupe pas plus de leur conservation qu'on ne le ferait en France.

XXXII.

FRANCE!

Je jette un dernier regard sur le *Shakspeare-hill*, si admirablement décrit dans le *Roi Lear* (1) qu'un des bons commentateurs de l'Eschyle

---

(1) Acte IV, scène VI, tome VI, p. 153 de l'édition de M. Guizot.

anglais prétend qu'il ne s'est jamais transporté par l'imagination au-dessus du précipice, sans éprouver, en mesurant ses menaçantes profondeurs, un mouvement de vertige. Les côtes d'Albion commencent à se confondre avec les nuages, et je perds de vue cette terre aux deux extrémités de laquelle le génie a imprimé deux sceaux également imposants ; l'admirable poésie d'Ossian sur les noirs rochers de Morven, l'admirable poésie de Shakspeare sur les blanches falaises de Dover.

FRANCE ! France ! Voilà la patrie ! la patrie plus belle, plus aimable au cœur du voyageur que toutes les merveilles de la terre de l'étranger! Ici le premier son qui frappera mon oreille fera parvenir à mon esprit une idée intelligible et une parole connue. Ici le premier regard qui accueillera mon arrivée sera celui d'un compatriote et peut-être d'un ami. Deux jours à peine me séparent de vous que j'aime! Les abymes de la mer ne m'en séparent plus, et le secret merveilleux de la navigation peut se perdre sans que je perde rien de mon bonheur. Graces soient rendues aux flots qui m'ont ramené sur les côtes de France; ils ne me gardent point d'autres bienfaits, et aucun bâtiment venu de loin ne sera chargé des espérances de ma fortune ou du trésor de mes affections. Il est ici.

Maintenant ce rêve de cinquante jours est terminé, et je vois se confondre, comme les édifices d'une ville qu'on a quittée la veille, et qu'on regarde du haut d'une montagne déjà éloignée, tous les objets qui ont occupé mes yeux pendant ce temps-là. Les sensations les plus vives de ces journées si pleines d'idées nouvelles s'éteignent dans ma mémoire. Qui peut fixer les impressions passagères de la vie? Quel intérêt offriraient d'ailleurs celles d'un homme qui voyage pour voyager, vit pour vivre, quelquefois même pour oublier qu'il vit, et remplit sans dessein de réflexions sans but les pages d'un mémorial inutile? Cependant le fruit de ce journal brusquement improvisé en passant d'une chaise de poste à un bateau ne serait pas entièrement perdu, s'il inspirait à un homme mieux organisé et plus capable de tirer de son oisiveté un parti avantageux pour les autres, le goût des voyages d'observation dans des pays très-voisins que nous ne connaissons pas. Il ne manquerait rien au seul succès que j'ambitionne, s'il me savait quelque gré de lui avoir indiqué dans la grande île Britannique quelques dignes sujets de curiosité, de surprise et d'admiration. — Oxford, Cantorbery, Durham, Yorck, Alnewick, Édimbourg. — Le château de Dunbarton, le lac Kattrine, le Ben-Lomond. — Et Miss Kelli.

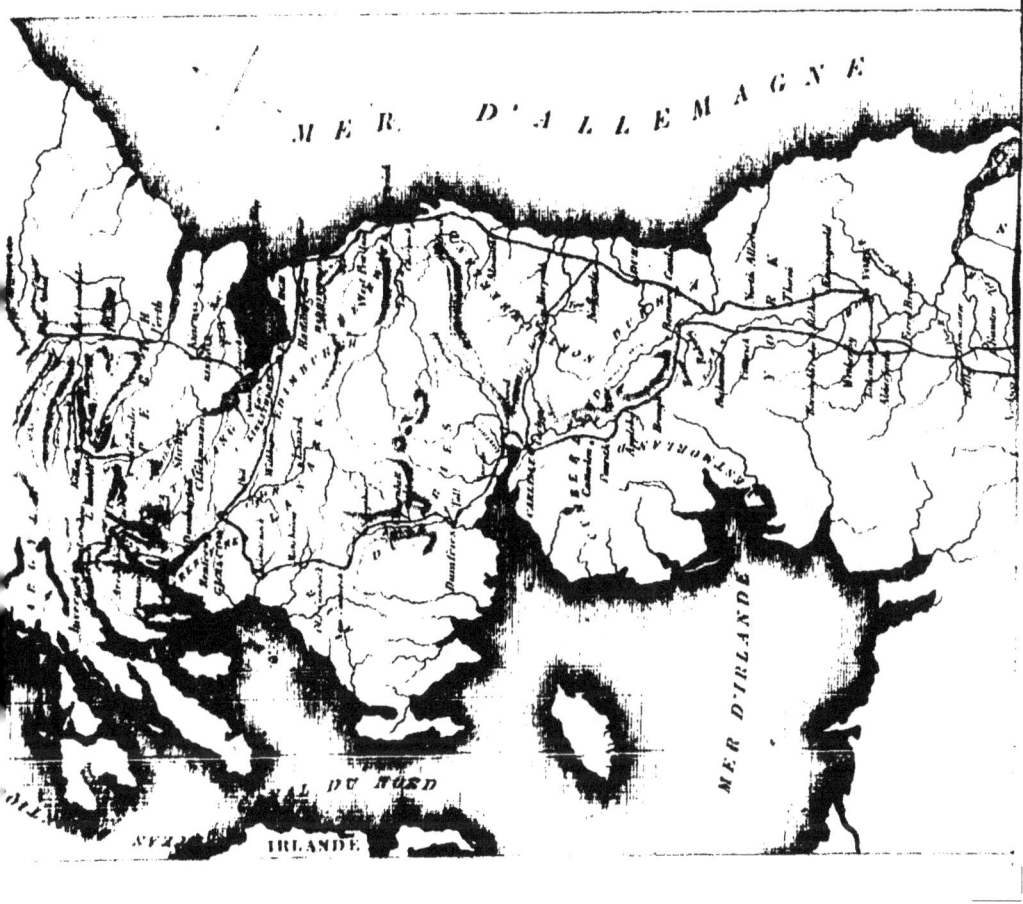

Alph. de Cailleux Inv. — Lith. de G. Engelmann. — N. Desmadryl et Jusmar Sculp.

TABLE
DES MATIÈRES.

Préface................ Page	5
A ma femme....................	15
Passage de Dieppe à Brighton........	26
Rade de Brighton.................	33
Brighton.......................	37
Londres.......................	43
Monuments....................	49
Les Docks. — Greenvich............	62
Les Théâtres....................	67
Les Musées....................	80
Richmond.....................	90
Oxford.......................	96
De Londres à Édimbourg...........	116
Édimbourg.....................	125
Holy-Rood.....................	135
D'Édimbourg à Glasgow...........	147
Glasgow.......................	155
La Cathédrale..................	165
Les Boxeurs....................	171
Calédonie.....................	175

Loch-Lomond 184
Luss.............................. 193
Tarbet............................ 198
Productions naturelles............. 205
Le Ben-Lomond 217
Trajet du Ben-Lomond au Lac Kattrine. 242
Le Lac Kattrine 258
Les Gypsies 269
Loch-Long......................... 276
Ayr............................... 286
Gretna-Green...................... 302
Du Cumberland à Londres........... 309
Cantorbery........................ 314
France 326

EXPLICATION

DES VIGNETTES.

Au Frontispice. Le palais d'Holy-Rood ou de Marie Stuart à Édimbourg.

Page 15. Le château de Dunbarton, comté de Dunbarton ou de Lennox, par M. Eugène Isabey.

Page 331. Le Ben-Lomond, même comté, par M. Eugène Isabey.

N. B. Ces trois vignettes sont gravées par M. Thompson.

www.ingramcontent.com/pod-product-compliance
Lightning Source LLC
Chambersburg PA
CBHW060514170426
43199CB00011B/1440